彼女がイジワルなのはなぜ？

菅佐和子 編著
河原省吾
小坂和子
高石浩一
服部孝子

女どうしのトラブルを心理学で分析！

とびら社

まえがき

「心理学って、わたしたちが日常生活のなかでぶつかる、いろいろな心の問題を、わかりやすく説明してくれる学問じゃないの？」

ときどき、こんな問いかけを受けます。そんなとき私たちは、「心の問題というのはとても難しいもので、また、ひとりひとり異なるものですから、簡単に説明などできるものではないのですよ。だからこそ私たちは『心理療法（カウンセリング）』という長い道のりを共にしながら、ご本人が心のもつれた糸をほぐしていかれるお手伝いをしているのです。」などと応えるのが常です。しかし——

「でもね、世の中には『本当によくある悩み』というのが一杯あるじゃないですか。身近なところにいっぱいころがっていて、カウンセリングを受けに行くほどではなくても、やっぱり皆が困ったり悩んだりしていることって、いろいろありますよね。…そういう現実的な問題について、なにか役に立つような取り組みをしてくださいよ！」
と、このように喰い下がられると、「本当に、それもそうだなぁ」という気がしてきます。

心理学を生業《なりわい》としている私たち自身、日常生活のなかでは、いろいろな「ありふれた悩み」を抱え、それに振り回されながら生きています。自分にも思い当たる、おそらく誰にでも思い当たる節のある心の悩みについて、自分たちの知識と臨床経験をもとに、改めて考えてみるのも意味あることではないか？——そんなところから本書の企画は生まれました。

およそアカデミックには見えないけれど、その背後に「人間性の根源的なもの」と立ち向かう心意気を感じとっていただければ、望外の喜びといえましょう。

編　者

はじめに

世のなか大きく様変わりしてきたとはいえ、まだまだ男性優位の面が多いこの社会では、女性どうしが手を携《たずさ》え、支え合いながら、ともに発展してゆくべきであることは、誰もが感じていることです。

ところが実際には、支え合うどころか、「女の敵は女」「女どうしが一番むずかしい」といった言葉がけっして死語になっていないのが現実ではないでしょうか。その理由を、女性自身(また人間自身)の備える性質に求めるか、あるいは、さまざまな面で社会的弱者の立場に置かれてきた結果とみるか、いろいろな考えかたがありましょう。とにかくそれは、さほど容易に結論のでる問題ではありません。

ただ、私たちがはっきりと直視すべきことは、「女性が手を携えて歩んでゆくのは簡単なことではない」という現実が確かに存在している、ということです。カウンセリングの場を訪れる方々のなかにも、この問題で傷つき、悩んでいるケースがたくさんあります。

私はカウンセラー（臨床心理士）の立場から、「女性どうしが気持ちよく支え合って生きてゆけるようになるには、お互いがどのようなことを認識しておけばよいのだろうか…」というテーマを追求したくなりました。そのためにはまず、「なぜ、女たちが傷つけ合うことにならざるを得ないのか？」ということについて、さまざまな立場から切り込んでみる必要を感じました。

そこで本書ではまず、編者である私自身がいろいろな場面での女性どうしの確執を〈相談の手紙〉のかたちで提示してみました。これら十四通の手紙はすべて、私がこれまでの体験をもとにして、文字どおり「どこにでも転がっている」ケースとして作り上げたものです。その意味でこれは完全なフィクションです。特定の個人をそのまま描写したものではありません。しかし、これは単なる作り話ではなく、その背後に数多くの実例を踏まえていることを、明記しておきたいと思います。おそらく読者の皆様の多くが「これはわたしも経験したことがある」「わたしの身近にもこんな話はあった」と思われるのではないでしょうか。…それほどありふれた、普遍的な、それだけに私たちにとって切実でもある話ばかりを集めてみました。

そして、そのようにして作り上げた十四の物語を、私は男女ひとりずつの心理療法家に提示してみることにしました。私ひとりだけであれこれ考えているよりも、異なる個性をもった仲間が知恵を出しあって考えたほうがはるかに実りが多いだろうと思ったからです。白羽の矢を立てられた四人の仲間たちは当初、内心「なんだか厄介な企画に巻き込まれた…」と困惑したかもしれません。しかしそこは心理臨床家としての心意気にあふれる気鋭の方々ですから、私の投げたボールを、それぞれが一人一人の考えでしっかりと打ち返してくださったと感じています。

そして、それぞれのバットに弾かれたボールを見ているうちに、私の心の内部に、本来架空の人物である〈相談者〉の心情が自然に湧いてきました。その想いを〈相談者のつぶやき〉としてつづり、各章ごとに掲載しています。

ただ、誤解がないようにひとつだけ付け加えたいことがあります。それは、四人の方々の〈解釈〉は、彼らが実際の心理臨床の場で行なっている対応とはおそらく相当異なっているであろう、ということです。実際の面接の場では、心理臨床家はあくまでも来談者の気持ちに寄り添い、ゆっくり歩みを進めます。この本でのようにビシバシと容赦なく解釈することは、まずないでしょう。本書はあくまでも架空の物語であり（〈相談〉を書いたのが編者だということは当初から明らかにされていました）、相手を意識せず縦横に〈解釈〉の刃を振るうことが許される場であったわけです。ですから、もしどこかで「解釈がきびしすぎる！」とか「こんなシビアなこと言うの？」などとお感じになる節があったとしても、それは本書の特異な構造のゆえと御了解いただければ幸いです。

それではこれから、十四人の物語に、どうかおつきあいください。

●ケース1●女子高生の母・優子の相談

去年は仲良しだったのに

高校二年生の娘、麻美《まみ》が『学校へ行きたくない』と言いはじめました。クラスに仲の良い友達がおらず、昼休みなど、ひとりでお弁当を食べるのが耐えられないというのです。

高校一年のときは、仲良しグループがあり、娘は毎日楽しそうに登校していました。その仲良しグループは、はじめは娘をいれて四人で、とてもまとまりがよかったそうです。そのうち、ほかのグループからはみ出したA子さんが、娘たちのグループに加えてほしいと頼んできました。娘たちはほんとうは四人のままのほうがよかったらしいのですが、ひとりぼっちのA子さんが気の毒で、仲間に入れてあげたのだそうです。

あとから加わったA子さんは、それなりに気を遣って一所懸命、娘たちに嫌われないよう努力している様子でした。何度かうちにも遊びに来ましたが、ほかの三人に比べて伏し目がちで、あまり伸びのびしているふうではありませんでした。でも、少なくとも表面的には和やかに五人で行動を共にしていたようです。わたしは、娘たちがA子さんをグループに入れてあげてほんとうによかったと喜んでいました。

二年生になりクラス替えがありました。娘は仲の良かった三人とは離ればなれになり、A子さんとだけ同じクラスになったのです。今度のクラスには、娘にとって馴染みのある女子生徒はほかに誰もいませんでした。そもそも、そのクラスには女子が少なく、十数人しかいなかったのです。一方A子さんには、塾が同じという馴染みの女子生徒が数人いました。

娘は、自分とA子さんは当然同じグループに入るものと思い込んでいました。そこにA子さんの馴染みの生徒が合体するのだろうと思っていたのです。ところが、新しいクラスになったとたん、A子さんの態度がガラリと変化したのだといいます。一年生のときは何かというと、自分のほうから娘たちの傍へ近寄ってきたのに、今度は掌《てのひら》を返すように、娘に対してよそよそしく振る舞うようになったのだそうです。

はじめのあいだ娘は、A子さんの変化にピンとこなかったといいます。それほど娘は去年のつながりを信じていたのでしょう。娘はA子さんの塾の友達とも仲良くなりたいと望んでいたのです。そのため娘は自分のほうから、せっせとA子さんたちに近づいていく努力をしたそうです。もしA子さんさえその気になれば、娘はその塾の友達二人ともすぐに打ち解けられただろうといいます。人数も娘をいれて四人、ちょうどよい数でした。

それなのにA子さんは無言のうちに、娘とほかの二人のあいだに見えないバリアを張りめぐらし、娘をはじき出してしまったのです。そのことに気がついて「これはダメだ」と思ったときには、残りの女子生徒はすでにしっかりとグループに分かれており、娘はどこにも加わることができませんでした。

『授業中はいいけれど、昼休みや行事のとき、ひとりでは居たたまれない』と娘は泣きます。夫は『高校生にもなって、なにを言うか!』と相手にしませんが、わたしは自分の思春期を思い出して、やっぱりクラスのなかでひとりぼっちでいるのは耐えられないだろうと案じてしまいます。みんながひとりずつバラバラでいるのなら、自分もひとりでいられるかもしれません。でも、ほかの皆が仲良しグループに属しているのに、自分だけがひとりでぽつんと座っているのは、あまりにも寂しく惨《みじ》めなものではないでしょうか。それも一週間や二週間のことではなく、何カ月も続くのですから…。

わたしにとって不可解なのはA子さんの気持ちです。娘が去年、彼女に同じような思いを体験させたのならともかく、娘はメンバーのなかでもいちばんA子さんに配慮していた、と担任の先生もおっしゃっていました。ふつうなら、自分には別の友達がいたとしても娘とも仲良くしようとするのではないでしょうか。

娘はA子さんの気持ちが理解できないだけ、深く傷ついているようです。『もう、友達というものが信じられなくなった』とまで呟いています。

こんなことは親にどうこうできるものではない、とは重々承知しております。ただ、A子さんの気持ちをどう考えればいいのか悩んでいます。

女子高校生の母親　優子・43歳

♡ 女性サイコロジストの分析 ♡

Feminical Psychologic-Study

―いちばん怖いのは友だち―

今年大学を卒業して社会人となった女性が言うには、これまでの学生生活のなかで、仲間との人間関係にもっとも気を使っていたのは中学校時代で、高校、大学と上へ行くにしたがってだんだんとその必要がなくなって、楽になってきたとのことである。おそらくこれが一般的なのだろう。

そういえば昨日スクールカウンセラーへ相談に来たある女子中学生は次のように語った。

『先生なんかぜんぜん怖くない。怖いのは友達。怒らせると、仲間を使って何を仕掛けてくるかわからないもん。先生はそんな仕返しをしてこないのわかってるから、怒られたって平気なの』。

中学校では毎春、学年が変わると同時にグループ作りが始まる。そのときたまたま風邪でもひいてしまい、仮に一週間も学校を休んだりしたものなら、その一年を棒に振ることにもなりかねない。たとえその子がこれまでリーダーシップをとっていたとしても、新しいクラスには別のリーダーが存在し、旧リーダーは格下げどころか独りぼっちにされ、これまでのプライドの置き場がなくなってしまう。

上昇したり転落したりの可能性は、リーダー格だけでなくどの子にもあり、みんな「自分の立場がいつどうなるかわからない」不安に脅えている。グループのなかでは仲間の機嫌を損ねないように、言葉や行動や、果ては持ち物に至るまで、気を使っていなければならない。個性が強すぎてはいけないし、また弱すぎてもいけない。これは要するに便宜上の契約関係のようなものなので、学年が変わればそのグループも解散する。

とくに女子。独りでいると、変な子、暗い子と思われてますます孤立してしまう。たとえ仲良しを見つけて二人でいても、なにかの事情でその子がいなくなることもあるかと考えると、スペアがないと不安でしかたない。

そして、その不安を間接的に相手への怒りとして持っている場合もある。お互いに「この子は、わたしがいないと困るから、わたしを頼っているんだわ」などと思っており、グループからはじかれた似た者どうしの傷を抱えているものだから、お互いに、相手のなかに自分の情けなさを見てしまうのである。

—〝惨《みじ》めさの〟うさ晴らし—

高校でも、中学ほど顕著ではないが、まだまだこうした未熟な傾向はある。

優子さんのお嬢さんの麻美《まみ》さんは、はみ出してしまったA子さんを自分のグループの仲間に入れてあげた。麻美さんはA子さんを気づかって配慮し、困っている彼女が喜ぶだろうことをしてあげたのである。

かたやA子さんは、遠慮しながらそのグループに居させてもらっていた。そこで学年が変わって立場が逆転し、自分が優位な立場になったとたん、かつての恩人を助けるのではなく、逆に、これまで溜《た》め込んでいた「惨《みじ》めさ」を晴らすかのように、麻美さんを仲間はずれにする。

そこには「あなたに同情されて仲間に入れてもらっていたけど、ずっと、情けをかけられている自分が惨めで、正しいことをして晴れ晴れとしているように見えるあなたが、まぶしかった」といった気持ちがあるかもしれない。あるいは、A子さんには一度仲間はずれにされた体験があるので、自分が麻美さんを仲間に誘うことで仲間との間で板ばさみになったり、バランスが崩れて上手くいかなくなるのを心配したのかもしれない。

とにかく、やっと自分の居場所を得たいま、この安定を壊したくないし、これからやっていく仲間関係を優先して麻美さんを切り捨ててしまったのだろう。

とすると、やがていまの仲間関係が安定したところでA子さんは、おもむろに麻美さんを誘ってくるかもしれない。そのとき麻美さんはどんな気持ちになるだろうか…。二人が本音で話し合い、仲直りをして、そこから何かを学ぶことができれば素晴らしいことだが。

―友人関係の発達論―

さて、友人関係の発達を精神分析学者のエリクソン等を参考にみてみると、だいたい以下のようになる。

まずその土台となるのは、幼児期である。ゆるぎない母子関係を足がかりとして、同年齢の子どもへ積極的に近づこうとすることから始まる。やがて児童期（小学生年代）に入ると遊び仲間を形成していく。この段階は、告げ口・喧嘩・いじめ・仲間はずれ・嫌がらせ、といったような小競り合いを通して、遊びかた・けんかのしかた・妥協のしかた・自己主張のしかた、譲ること・競争すること・協調すること・いたわることといった、社会生活に必要な知識とルールを学びながら、徐々に自己中心性から脱却していく。自分のやりたいことを達成するには、相手にも協力しなければならないという、ギブ・アンド・テイクの関係を知る。

思春期に入ると、仲間集団は細分化され個別化の方向へと向かう。同性・同年代の友人と、「私とあなた」、という親友（チャムシップ）関係を結ぶようになる。特定の相手と親密になり、相手と自分との違い、あるいは相手の中に自分を見たりして、相互に情緒的な交流をしあう。相手を尊重し、相手のために配慮し、時にはその名誉を守るために犠牲になることもいとわないような、二者関係が成立する。従って、この時期に、親友に裏切られたと主観的に体験することは、それ以後のパーソナリティの発展にまで影響を及ぼすような深い傷を残すこともありうる。思春期までに、協力したり競争したりの仲間関係を充分に経験しておくことの重要性が指摘される所以《ゆえん》である。

安心して話せる場

スクールカウンセラーとして、現場で感じるのは、同じ学年の子であっても、発達水準の個人差が著しくなってきているということである。そのことも仲間同士のストレス源になっているように見受けられる。たとえば、ほぼ良い発達水準にある子どもが、あるときスケープゴートにされ虐《いじ》められたことで、自己評価を著しく低下させ、仲間集団から一時的に身を引いてしまうというケースもある。

しかし一方では、学校でのこのような事態を安心して話せる場があれば、その関係に支えられて、逆にその体験から学び、たくましく成長していく姿をみることも珍しくはない。

麻美さんの場合も、この出来事が、母との繋がりを再確認する機会となって、成長への次なる段階へ昇ることができるのではないかと思われる。発達するということは、平穏なものではなく、常に危機と葛藤が付いてまわるものなのだ。

服部孝子

♠男性サイコロジストの分析♠
Masculimical Psychologic-Study

―待望のクラス替え―

優子さんは、娘たちがA子さんをグループに入れてあげたとき、娘たちの思いやりを本当にうれしく感じた。つねづね、娘には優しいこころの持ち主に育ってほしいと願ってきたので、いいことをしてあげたな、と思ったのだ。

「娘はこれまでのんびり育ってきたので、二年生になってA子さんが豹変するなどとは、想像だにしなかっただろう。これまで娘に見えていた世界には、そんなことをする人はいなかった。人間関係で苦労してこなかったといえるかもしれない。いつもすぐに友達ができたし、その友達には素直ないい子が多かった。」

「居場所を失って苦しむ娘を見ていると、自分のことのように心が痛む。去年のメンバーのなかでも娘がいちばん、A子さんに親切にしてあげたのに。娘は深く傷つき、人間不信にまで陥ってしまっている。痛ましくてしかたがない。」

A子さん自身はどういうつもりでいるのだろうか。

「去年、それまでいたグループに居づらくなったとき、いちばんマズイなと思ったのは、所属するグループがなくなってしまったことだ。中学校では先生の目に止まらないいじめがいつもあって、自分も仲間外れの目に遭ったことがある。そのとき以来、どんなことがあっても所属するグループだけは確保しておくことにしている。」

「そのときに加えてほしいと頼んでいったグループは、いちばんのほほんとしていて、あまり意地悪じゃない感じがした。どちらかといえばお嬢さんタイプの子たちで、自分とは合わないかとも思ったが、そんなことは言ってられなかった。頼みに行ったとき、気の毒そうな顔をされたので、同情されているようで嫌だったが、それでも、グループに入れてもらう目的はたやすく達成することができたからいいだろう、と思った。」

「あの新しいグループの居心地はあまりよくなかった。やっぱり苦労を知らない人たちで、それに比べると自分は、人間の嫌な面もいろいろ見てきているので、引け目を感じてしまった。…そしてようやく、待ちに待ったクラス替えの時がやってきた。この日のためにずっと我慢してきたのだ。今度こそ絶対にしくじらないぞ。自分を殺して我慢するのは、もうごめんだ。さいわい、塾が同じ友達が何人かいた。」

「ところが、去年のグループから一人だけ同じクラスになった人がいて、当然のようにこちらに接近してきた。そして、わたしの友達にまで話しかけてきた。…ずっと辛抱してきてやっと同じクラスになれたわたしの友達なのに、その分け前にあずかろうなんて虫がよすぎる。これだからお嬢さんは困る。…自分と同じつらさを少し味わったらいい。そうすれば、去年わたしがどんな気持ちであなたたちの後ろにくっついていたか、わかるかもしれない。」

―打ち消したい過去―

ひょっとするとA子さんは、この娘さんに自分の弱みを知られているように感じているのかもしれない。去年は弱い立場で同情されているように感じていたので、今度は逆転して自分のほうが優越感を手に入れたのだ。この娘さんが右往左往して途方に暮れているのを見て、喜んでいるようでもある。A子さんはそのような行動をとることで、いままでの劣等感を打ち消し、過去を無かったことにしたいのだろう。

この娘さんは優しいいい子なので、A子さんを仲間に入れてあげて問題が解決したものと思っていた。母親の優子さんもそう信じて疑わなかった。うちに遊びに来たときの様子は少し気になってはいたが。A子さんのほうは、自分と相手の立場の違いに敏感で、引け目を感じている立場では自分を出さずに我慢している。

多少は警戒心をもって身構えて生きているほうが、世の中で失敗することは少ない。少なくとも、まったく予期しないうちに足元をすくわれるということは、かなり防げるものだ。その意味で、A子さんのように対人関係についてのアンテナを張り巡らせて、処世術に生きるようなやりかたが、そつのない生きかたともいえる。そのような人生が楽しいかどうかは別問題として、若くしてこうした感覚に長けた人はいる。

このような人は、自分が傷つくことに敏感なのだと思う。傷つくことに耐えられないので、先手を打っていくことを身につけたのだ。自分が傷ついたのなら、他人には傷つけないようにすればよさそうなものだが、A子さんの場合そういうふうには考えないで、「（対人関係や処世術に）鈍感なほうが、わるい」とでも思っているのだろう。

傷の連鎖を止めるには

そうした感覚は、A子さんの傷ついた体験がまだ本当には乗り越えられていないことを意味する。A子さんの癒されない傷が、今度はこの娘さんを新たに傷つけたのだ。

家庭で伸びのびと育った子どもが、学校でのいじめなどをきっかけにして頭を打たれ、しょげかえってしまい、すっかり消極的になってしまう姿をよく見かけるが、その際、いじめた側の子どもが未解決の傷を抱えていた、という場合がしばしばある。

傷は傷を生むものだ。

ではこの娘さんが、事件をきっかけにすっかり性格が変わってしまい、自分の周りの人間を傷つけていくことになってしまうかどうか、であるが、もう高校二年生になっていることだし、優しい母親もいるから、この傷を乗り越えて、傷の連鎖を止めることができるかもしれない。

それにしてもこの事件が、そんな傷の連鎖が生じてもおかしくないぐらい、打撃を与える出来事であるのは確かだ。

河原省吾

――娘も私も、自分たちは「被害者」だと思っていた。自分たちの奥行の乏しい親切心に、なんら疑いを感じていなかった。そのことが、去年のA子さんを知らないうちに傷つけたのかもしれない。A子さんの立場になってみると、去年のことなどもう思い出したくないのかもしれない。また、どこかでしっぺ返しをしたくなったのかもしれない。

娘にはこのことを説明してやった。どんなにつらくとも、事実をしっかり見つめることが大切だと思ったから。A子さんの気持ちが理解できれば、自分の受けた仕打ちにも耐えやすくなるだろうから。「わけのわからない」ことが、いちばん心を苦しめるものだから。

娘は案外しっかりしていた。この話をそれなりに理解できたように見える。そして娘はそれを、自分なりに行動に移した。去年の仲良しグループの友人たちに、ありのままを伝えたという。その子らは別のクラスになっていて、今更どうしてくれようもないと思ったのだが、それなりに一緒に知恵を絞って考えてくれたらしい。

以来、いちばん苦痛な昼休みに娘は、かつての友人ふたりがいる別のクラスへお弁当を食べに出掛けて行くようになった。その友達は幸い二人だけで仲良しグループを続けていたので、昼休みに娘が行っても、気を遣うことはなかったのだという。そのうえ下校時も、娘と一緒に帰るようにしてくれた。

これは本当に有り難いことだった。

昼休みと下校時に友人と一緒になれることになって、娘はホッと一息ついたように見受けられた。あいだの短い休み時間や教室移動など、ひとりではつらいこともあるようだが、もう中学生ではなく高校生なので、なんとかそれは、ひとりでやりこなしているようだ。

とにかくこの一年は、時々は休みながらでもいいので、なんとか登校を続けてほしい、と、私は毎朝、祈る思いで娘を送り出している。来年のクラス替えばかりを待ち遠しく過ごしている。

人間関係のなかでは、なんの悪気がなくとも、こちらが優位にあるということだけで誰かを傷つけてしまい、そして思わぬ代償を支払わされる、ということが確かにあるのだ。のほほんとしていてはいけないということに、改めて気づかされた気がする。

それにしても、屈折した心を抱えた人と付き合うのは難しいものだとつくづく思わずにはいられない。娘には、これからはA子さんのような人とは最初から距離をとっておいてほしいというのが、たとえ狭量といわれようと、偽らざる親心である。ともあれこの体験が、娘を良い方向へ鍛えてくれることを祈るしかない。――

相談者　優子のつぶやき

●ケース2●幸子の妹・恵子の相談

不幸なときには親切なのに…

わたしたちが「えいこおばちゃん」と呼んで親しんでいる、親戚の六十歳代の女性のことで相談します。

えいこおばちゃんはとても親切で面倒見がよく、親戚に不幸があると、まっさきに飛んで来て親身に世話をしてくれます。わたしたちは、おばちゃんほど思いやりのある人はいないと信じてきました。とくに姉とわたしは、家庭の事情が複雑で、いろいろ苦労してきました。そのたびに未亡人で経済的にも余裕のあるおばちゃんに、さんざん愚痴を聞いてもらい、ごちそうになったり、洋服を買ってもらったりしました。えいこおばちゃんが偉いと思うのは、たび重なる愚痴話に一度も嫌な顔をしなかったことです。ふつうなら鬱陶《うっとう》しくて聞きたくないような他人の苦労話を、おばちゃんはいつも熱心に聞き、いろいろアドバイスもしてくれました。

そんな歳月が続いたあとで、ようやく姉が素敵な彼とめぐりあい、結婚することになりました。まるでこれまでの姉の苦労を帳消しにできるような理想的な相手です。わたしは誰よりも先に、えいこおばちゃんに知らせました。これまでわたしたちの苦労話に涙を流して聞き入ってくれていたおばちゃんです。今度は喜びの涙を流して、姉の幸福を喜んでくれるにちがいない…。

ところが、えいこおばちゃんの反応は意外なものでした。姉のことは電話で伝えたのですが、一瞬、電話の向こうに妙な沈黙が立ちこめました。しばらくして『へぇー、そうなの。結婚するの』との言葉が返ってきましたが、それはわたしの期待した弾むような声ではなく、なんとなくガッカリしたような、気の抜けたような声でした。

そのときは、あまりに突然のことで、えいこおばちゃんも実感が湧かなかったのかもしれないと思っていました。でもその後も、おばちゃんからはなんのお祝いの言葉もありませんでした。それどころか、なんと、ほかの親戚の家に行って、姉のことであれこれ陰口を言っているようなのです。わたしたちはこれまで、おばちゃんを信じてなんでも打ち明けていました。そんなことをいまごろ世間に知られたくはありません。わたし以上に姉のショックは大きく、いったいなぜこんなことになるのだろう、と思い悩んでいます。

あんなにわたしたちの幸福を願っていてくれた（ように見えた）おばちゃんは、いったいどこへ行ってしまったのでしょうか…。親切で思いやりの深い言動は、ウソだったのでしょうか…。でも、自分になんの得にもならないことで、そんな偽りの親切を振りまく理由も見当たりません。わたしたちは「えいこおばちゃん」という人を、どのように理解すればよいのでしょうか。

ちなみに、いまでもおばちゃんは、不幸のあった親戚や知人のもとへせっせと通っています。

幸子の妹　恵子・25歳

♡ 女性サイコロジストの分析 ♡
Feminical Psychologic-Study

―笑顔の裏側―

困っている人を見ると必ず助けてくれる親切なえいこおばちゃんは、苦労の多いこの姉妹にも『いつか幸せになれるから、つらくても頑張ろうね』と励ましてくれていた。「こんなに世話をしてくれている人だから、お姉さんが玉の輿に乗れた幸せを共に喜んでくれるはずだ」と期待していた。それが報告したとたん、豹変してしまったのである。

このような、「それまでしっくりいっていた関係が、片方が成功しはじめると、よそよそしくなり波風が立つ」という話は世間によくある。たとえば誰かがよい学校に合格したり、よい会社に就職したり、よい結婚相手を見つけたりして嬉しそうに報告してくると、『おめでとう！』と笑顔で言ってはいるものの、なんとなくその成功を素直に祝福できない感情が湧き起こったりするものだ。そんな、他人を羨む自分を恥じ、なかったことにしておこうとしたりして平静を保つのだが。

私たちのこころのなかには「他人を助けてあげられるような人物になりたい」という救世主願望が

ある。自分が役に立つ有能な存在であることを確認したい。そのためには、相手を無能にして、いつまでも依存させて、自分を必要とさせておく。そうして「つねに援助者でありつづけたい」と願うわけである。

そうしたばあい援助する側は、「親切な人だ」などと評価されることで満足を得ることができる。ということは援助を受ける側には、援助を喜んで受けるという役割があるわけである。だから当然、その受ける側が援助する側より幸せになってしまっては、意味がなくなってしまうわけで、そこで両者に戸惑いが生じることになる。

抑圧された屈辱感

援助する人には「援助できるものがある」という点で、優位な立場にある。一方、援助される人が親切にしてもらって喜んでいるかというと、必ずしもそうではない。内心では「いつか関係を逆転させたい」と思いながら、密かに悔し涙を流しているかもしれないのである。そして「自分にそれだけの力がないために、助けてもらわねばならない」という屈辱感を味わっているかもしれない。あるいは、「世話してもらってありがたいけれど、わたしはあなたの自尊心を高めるための役割もしてあげているのよ」といった開き直りの気持ちが隠されていることもあるだろう。

抑圧された屈辱感は蓄積され、ちょっとした出来事で一気に限界へ達すると、憎しみや敵意となって爆発して、それまで保たれていた「よい関係」を御破算にしてしまうこともある。

そうしたとき、もしも援助する側が自分の裏側にある動機を自覚し、また援助される側が、相手にたいする無意識の否定的な感情が自分のなかに巣食っていることを自覚できるならば、破壊的な事態は免れるかもしれない。しかしながら一般的には、両者がともに自分や相手の裏側の感情を自覚していることはまずないから、結局、事が起こってから、とくにどちらか一方が豆鉄砲を食らったような驚きを体験することになる。

見えない敵意

さて、この事例をもうすこし具体的に観察してみると、この姉妹は、それまで何でも相談していたおばちゃんに、このときばかりは結果だけを伝えた。しかも結婚ということは、新しいパートナーを得て独立するという意味をもつ。

えいこおばちゃんは、これまでさまざまな相談に乗ってあげてきたのに、もっとも肝心な問題では「それだけは自分で決めるわ」とばかりに蚊帳の外に置かれたのである。他方、姉の気持ちと一体の妹には、「だからもう何から何まで世話にならなくてもいいのよ」といった、してやったりという快感が無自覚にあったかもしれない。そのような隠された敵意を、おばちゃんは敏感に察知して、見捨てられたと感じたのだろう。そこに訪れた「沈黙の時間」は、目に見えない敵意がぶつかりあっている一瞬であったと推測される。

ひょっとすると、『おばちゃんがいてくれたからこそ…』と、その結婚もすべて彼女の手柄として持ち上げることで、おばちゃんの自己愛が、その場では一時的に保たれることになったかもしれない。しかし今度は、そのような配慮をされること自体、まさに関係が逆転したことを鮮明にさせる。…人は同情によって癒されることはない。

真の援助とは、人との関係を自分の自己愛を満足させるための手段とはせず、相手の能力を発見し伸ばしてあげるための世話をし、そしてその成功を、条件つきではなく自分のこととして、喜べることであろう。そのためには、自分のなかの「羨望」をどう乗り越えるかが問題となり、それは自分自身と向き合う苦しい作業なのである。

おばちゃん世代の胸の内

ここでもうひとつ付け加えたいこととして、世代間の問題がある。

次の世代を育てるというのは、人生における重要な仕事のひとつである。人は、家庭で親になったり、職場で上司になったりして、次の世代を育み指導しながら、やがて自分の築いてきた位置を次の世代へ引き渡していく。その過程においては、若い世代からさまざまな肯定的・否定的感情を向けられ、それらを引き受けていかなければならない。

特に否定的感情に対してみずからに湧き起こる気持ちを、自分のなかでどのように処理していったらよいのだろう。頼られて世話してあげた者、目をかけてやった者が、自分を踏み台にして離れていくのである。逞《たくま》しくなって乗り越えようと迫ってくる若い世代への怒り。不安と喪失の哀しみが渦巻く。にわかにこころの転換を図るのはきわめて難しい。

『なんの恩も感じてないのか！』と陰口をたたいて歩かなければ収まらない、えいこおばちゃんの心情は、まだこの若い姉妹には理解できない。おばちゃんにたいする葛藤（頼りたいけど頼りたくない）を彼女らが乗り越えたときに、それがわかるのかもしれない。そうすれば徐々に、えいこおばちゃんの哀しみの感情も中和されていくことだろう。それぞれのコンプレックスを乗り越えて、こころの成熟が可能になるものである。そうした時の経過とともに、和解の日がいつか訪れるにちがいない。

服部孝子

♠男性サイコロジストの分析♠
Masculinical Psychologic-Study

―人の不幸は蜜の味―

一見複雑に見える人の心理も、じつは単純な動機に導かれている。…推理小説などで刑事や探偵がよく口にする言葉である。しかし動機が単純だからといって、出来事の解説も単純になるというわけではない。それが証拠に推理小説の謎解きは、みな一様に複雑で長い。

さて、この相談に接して真っ先に思いつくのは「人の不幸は蜜の味」という格言である。実際、他人の不幸ほどこころ慰められるものはない。不幸な我が身も、不幸なあの人よりはましだ…そんなふうに思えたら、自分の不幸もすこしは耐えやすくなるような気がする。

それに自分を不幸だと思っていない人はいない、というもう一つの真理（心理）がある。お金持ちは、健康状態にいまひとつ自信がもてず、不幸である。有名人は家族との仲がうまくいかず、不幸である。普通の人は、お金もなく世に認められもせず、とても不幸である。…かく言う私など、ともかくもう目茶苦茶に不幸である。

つまり、えいこおばちゃんの行動は、「世の不幸な人びとのなかにあって、少しでも『自分の方がましだ』と思える立場にいたい」という動機に基づいている。だから親戚の不幸には真っ先に駆けつけるし、この不幸な姉妹など格好の餌食となる。なぜなら、いつでもそこにいけば、自分より不幸な人間が二人もいて、自分を励ましてくれる不幸な話を山のように聞かせてもらえるからである。

不幸だからこそ

ここから、姉の結婚話を喜んでくれないえいこおばちゃんの言動は、きわめて筋が通るものとなる。なぜなら、もはや姉は不幸ではないからである。それどころか、これまでの不幸を「帳消しにできるような相手」と結婚するのだという。これほどまでに世話をしてあげて、苦労話を聴いてあげて、助言や励ましをしてあげたのに、こともあろうに自分よりも不幸ではなくなるなんて…。かくしておばちゃんの心中は、察してあまりあるものとなる。もはや自分より不幸でない娘っ子などに興味はない、誰が祝福などしてやるものか、あんなに不幸を背負った娘は幸せになどなってはいけないのだ…。

かくなるうえは、世間が知らないあの娘のとんでもない不幸を世間に言いふらすしかない。そうすることで少しでもあの娘が再び不幸に見舞われたら、こんなに気の晴れることはない。うまくいって破談にでもなったら、今度こそ、不幸な姉妹の話を心から熱心に聞いてあげるわ…。

と、ここまでが心理用語を使わない、どちらかというと常識的な（だけどひねくれた）解説である。これでも充分「ひとが悪い」解説であるが、心理学はもっと人間の裏をえぐるような説明をする。ほんとうに心理学者は、人の親切など信じない、とんでもない人間観をもっている輩である。私は例外的に「ひとの良い」心理学者なのであまり気は進まないのだが、以下に心理学的な説明をしてみよう。

投影と同一視

人は誰しも、自分でも認めたくないような気持ちをこころのなかに抱いている。

「嫌いなあいつなど死んでしまえばいい」「他人など押しのけて自分だけ楽をしたい」「人に世話してもらって生きたい」。こういう気持ちをあからさまに表現することは、社会的に好ましくないことだとされているし、できれば自分自身でもそんな不道徳な感情など抱いていないことにしたい…、この種の幼稚で反社会的な感情は、わたしのような一般人には無縁で、テレビで報道されるようなとんでもない犯罪者などに特有の感情である（ことにしておきたい）…、という訳で、人は自分でも認めたくない感情や考えを、他人が抱いていることにする〈投影〉というメカニズムを使う。えいこおばちゃんの場合なら、自分の内にあって認めたくない感情は、「人に世話されたい、甘えたい」という感情である。

これは彼女が幼い頃に満たされなかった願望の「のこりかす」であったりするのだが、それはさておき、彼女はこの気持ちを自分の周囲のとりわけ不幸な人びとに〈投影〉する。なぜなら彼女自身もまた、(けっして認めたくないが)「自分は不幸であり、人に世話されたい」と心の底で願っているからである。そうして一生懸命に愚痴を聞き、親身に世話をする。ちょうど彼女自身がそうして欲しかったように…。

しかしこれだけでは、彼女が他人を世話することだけで満足し、自分の満足を犠牲にしていることを説明できない。また、幸せになる姉への嫉妬もなぜ起こるのか分からない。

ここでもう一つ働いているのが〈同一視〉というメカニズムである。つまり彼女は「自分は不幸であり、人に世話されたい」という気持ちを周囲の不幸な人びとに〈投影〉するだけでなく、世話をされている(実際は彼女の世話を受けている)人びとと自分を〈同一視〉することによって、あたかも自分自身が世話をされているような満足感を得ようとしているのである。要するに彼女は、自分自身の満足のために人の世話をしているのである。

―親切だった人―

しかし不幸であったはずの姉が良い縁談に巡り合ったりすると、これはもうどんなに錯覚しようとしても〈同一視〉は無理である。なにしろ自分は、「苦労を帳消しにしてくれるような相手」から結婚を申し込まれるなんてめんどう臭いことは、実ははなから願い下げで、せいぜい不幸な娘っ子たちの世話をして感謝されながら、平穏な日々を送るだけで十分だからである。ところがこれまで自分の感情を〈投影〉し〈同一視〉できていた相手が、そうできない状況になると、まるで身内に裏切られたかのような強烈な怒りがこみ上げてくるものである。もともと姉は彼女の分身、不幸な一族のひとりだったから、その怒りはなおのこと強烈なものとなる。かくして親切なえいこおばちゃんは「鬼」と化すのである。

人の行いやふるまいの動機は問いたださない方が良い。きれいごとや、げんなりする「心理学的」説明を聞かせられるのが関の山だからである。身すぎ世すぎの知恵としては、親切な人は親切な人、えいこおばさんのように「鬼」になっちゃった人は、「親切だった人」としてなつかしむのが、よろしいかと…。

もっとひとが悪くなりたい読者は、さらに研究してみよう。人の「親切」など、はなから信じられなくなること請け合いである。

高石浩一

⚜ ⚜

――いやぁ、驚いた！

カウンセラーの先生って、こんな陰険なことを考える人たちだったんだ…。

私のなかで、えいこおばちゃんのイメージが音をたててくずれていくようだった。

私たちは、えいこおばちゃんに甘えていた。おばちゃんの本音なんか想像したこともなかった。えいこおばちゃんは、わたしたちの「ゴミ箱」、お金を入れなくても缶ジュースが出てくる気前のよい自販機のようなものだったのかもしれない。

私たちはただ甘えていただけで、悪気なんかちっともなかった。おばちゃんの親切に屈辱を感じることもなかった。だって、おばちゃんはずうっと歳上で、女の競争では「現役」じゃないと思い込んでいたから。

姉の結婚は、姉が気分を変えるために友人を頼って旅行にいったアメリカで出会いがあったので、おばちゃんに相談するしないの問題ではなかった。おばちゃんも、そんなことで気分を損ねたわけじゃないと思う。やっぱり、自分より不幸な私たちを見ていることで、おばちゃんのプライドが癒されていたんだろうな。おばちゃんは淋しい人で、そこに私たちは知らず知らずつけこんでいたのかもしれない。

これは「どっちもどっち」の関係だったといまでは思う。お二人の先生にいろいろ解釈してもらって、表面から見えないことがわかって、とてもタメになった。私も姉も、こんなややこしいことは自分では考えつかないから、「心理学の先生もたまには役に立つんだぁ」って、納得してしまった。でも、ちょっぴり寂しい気もしているけど…。

姉は外国に住む予定だから、おばちゃんとは会う機会もなくなるだろうな。幸せそうな写真なんか絶対に送らないよう、よく釘を刺しておこう。ひとりで日本に残る私は、これからもいろいろ苦労があるだろう。そんなときには、えいこおばちゃんの存在がやっぱり頼りになるんだろうな。

おばちゃんには、明るい話はしちゃいけない。それはおばちゃんの好みじゃないんだから。できるだけ暗い話、つらい話を、せいぜいオーバーに語ることにしよう。それがおばちゃんの気持ちを安らかにするのなら、こんないいことはないし。

姉だって、いまは幸せだとしても、それが一生続くかどうかはわからない。そんなときのために、おばちゃんには元気で長生きしてもらわないと。ときどきは私が御機嫌伺いに訪れて、外国で暮らす姉の大変さを語って聞かせるとしよう。

えいこおばちゃんはちょっと極端かもしれないけれど、人間って、他人の幸福を喜べるほど心の広い生き物じゃないらしい。そのことをよく覚えておいて、他人の前では間違っても自慢話なんかしないように気をつけようっと！

何かわびしい話だけど、しょうがないよね。――

相談者　恵子のつぶやき

●ケース3●姑・忍の相談

たしかに時代は変わったけれど

ひとり息子が三十代の半ばで結婚しました。隣町のマンションに住んでいます。息子の妻（理恵さん・三十二歳）はキャリア・ウーマンで、子どもはまだいません。

わたくしども夫婦は古い家に住み、年金で生活しています。それなりの貯えもあり、経済的には不自由はしておりませんでした。そして将来わたしたちの身体が弱ってきたら、古い家を二世帯住宅に建て替え、息子夫婦と同居したいと望んでいました。そういうことを息子夫婦とはっきり約束したわけではなかったのですが、ひとり息子と結婚する以上、いやでも夫の親の世話をしなければならなくなることぐらい覚悟のうえだろうと、わたくしどもは思い込んでいたわけです。

最近になって、七十歳の夫が病気で倒れ、入退院を繰り返すようになりました。わたくしも六十八歳で、足腰も弱っています。一人で看病するにも限界があります。こういうときには当然、息子夫婦が手伝ってくれるものと信じていました。ふだんはめったに顔を見せなくても、こんなばあいは人間として当然の行動をとってくれることを期待していたのです。

息子は忙しい仕事の最中でしたが二、三度、会社の帰りに心配して病院に立ち寄り、主治医の先生とも話をしてくれました。しかし息子の妻は、一度だけ花束を抱えて「お見舞い」に来ただけで、『どうぞお大事に』とさっさと帰って行きました。これでは単なる知人の見舞いとなんら変わるところがありません。そのとき初めて、わたくしどもは、理恵さんはわたくしどもに対してなんの責任も義務も感じていないのだということに気がつきました。一瞬、頭のなかが真っ白になったのを覚えています。

彼女にしてみれば、自分はひとりの成人男性と結婚し、新しい家庭を築いたのであって、夫の背後に、彼を産み育て、切っても切れない血縁でつながった両親がいることなど、気にもとめていないのでしょう。そういえば、理恵さんは自分の実家にもあまり寄りついていないそうです。ただ、彼女の実家にはお兄さん夫婦が同居しており、彼女が御両親のお世話をする必要はないようですので、こちらとは事情が違いますす。

わたくしどもは、この御時世に「家」云々を持ち出すつもりはなく、「嫁」としてどうこうしてほしいと難しいことを言うつもりもありません。ただ、子ども世代が年老いた親世代の世話をするのは、順送りのことであり当然ではないか、と声を大にして訴えたいのです。そうでなければ、社会福祉だけに期待しても、これからの超高齢化社会を考えれば、いくら税金を納めてもやってゆけるわけがないではありませんか…。

息子夫婦は共働きで子どももおらず、税金はたくさん納めているはずです。だから親の面倒は国がみればよいとでもいうのでしょうか。あまりにも「われ関せず」という理恵さんの態度を見ていると、そんなことまで考えたくなります。

わたくしは夫が倒れたという不安と看病疲れで、少々、心がまいっているのかもしれません。これからどのくらい続くかわからないこんな日々を、一人で頑張り抜いてゆく自信がありません。これでわたくしまで倒れるようなことになれば、いったい誰が、わたくしどもの世話をしてくれるのでしょうか…。息子の妻に「身内」としての暖かさを求めるのは間違いなのでしょうか…。

姑　忍・68歳

♡女性サイコロジストの分析♡

Feminical Psychologic-Study

―団子より花?―

人生の後半には、「いのち」をめぐる分かれ道が突然あらわれる。人類は、今の時代ほど長い人生を生きた歴史がないだけに、より一層、「老い」のテーマは困難をはらむ。しかしながら、モデルがないということは、そこに新たな挑戦の可能性の余地もあるはずである。

「家族」にしてもそうで、モデルは急激に変わってしまった。

この相談での親夫婦と息子夫婦も、旧い世代と新しい世代の遭遇を体験しつつある。問題の中核として、「世話をしない理恵さん」が語られつづけている。理恵さんは、花束のお見舞いと決まり文句の『お大事に』だけで、それ以降は親夫婦の前に姿を現さない。忍さんは頭のなかが真っ白になり、やがて理恵さんの思いにさまざまな意味づけを試みる。そこには「責任」「義務」「社会福祉」「税金」と大きな言葉が並び、まるでこの人の混乱の大きさと呼応するかのようである。そして最後に「身内としての暖かさ」を求める気持ちが投げかけられる。

「身内」とは実に意味の深い表現である。母と子どもとが臍帯《さいたい》でつながっているように、家族は一体となって絆を結び合っていることが前提となる。「切っても切れない血縁」とはまさに文字通り、忍さんがおそらく息子に向けて伝えたい実感なのだろう。「暖かさ」もまた、人肌のぬくもりのような、あるいは、そっとくるみこんでくれるような受け身的な愛情を想定し、甘えさせてもらえるような母性的関係を期待した表現ということができる。

忍さんのこころは、いつも、このような身体的感覚を通じて比喩的に語られる。比喩表現はイメージを媒介とするので、言葉を工夫しなくても、話し手から聞き手に自然に実感を伝えることができる。その結果、二人は同じ「ウチ」の人間として感情を共有できる。話さなくても分かり合える関係がこうして築かれていく。

かたや理恵さんの行動の方針は、語り口からみても、どうやら他者と一定の距離をとろうとしているようだ。

病院にも夫といっしょでなく一人で現われたこと、実家にあまり寄りついていないことからしても、とくに悪意があるわけではなく、それがこの人のスタイルであることをうかがわせる。つまり、花より団子を求める忍さんとは逆に、理恵さんは日常（団子）から「離れた」関係（花）をスタイルとしているのである。『お大事に』の一言は、彼女なりの配慮もあったのだろうが、感覚を伴わない、いわば紋切り型の「ソト」言葉で、その言語表現は忍さんの分類によれば、「単なる知人である」と宣言したのと同義だった。こうした「離れた」贈り物と「切った」言葉と、「去って」いく後ろ姿とが、忍さんの頭を真っ白にさせてしまった。

世話とケア

「一体感」と「距離感」は二つの異なった文化である。場の調和を優先させる文化と、一人ずつの個を優先させる文化、どちらが正しいというものではない。家族が一体となって平和に暮らしているように見えても、実は「嫁」という一人の人間がそれを支えるため犠牲になっていることもある。かたや個人主義の欧米諸国が、深刻な犯罪や、個人主義ゆえの孤立感に悩んでいるのもまた事実である。

人間はこの二つの文化をそれぞれの配合に混ぜあわせながら、独特の人間関係をつくっている。ところが、いったんこの二つが対峙し、しかもそれが相容れないこととして対立しはじめると、相互破壊的なプロセスをたどる危険が迫るというのは、国どうしであれ、対人関係であれ、同じことである。

ではなぜこの相談では、そのような切迫した状況に陥ったのだろうか。

「老い」の病いには、その背後につねに「死」が存在する。忍さんは「わたくしども」のこととして語っているが、その一体的関係に隠れているのは、彼女のこころのなかにある、孤独な死への不安である。ただし、どうやら理恵さん夫婦には届いていないようであるが。

そして忍さんが求めてやまない「世話」には、いわゆる「ケア」とも少し違うニュアンスがある。世話は家族という特有の関係、もしくはそっと寄り添うような人間関係のなかで提供されるものである一方、ケアは、より内容に専門性を重視したものであろう。この主題は実に今日的である。アジアの家族主義は、専門家（ケア）の訓練の重要性を認識しはじめたところ。かたや北欧の福祉先進国では、家族的雰囲気のなかでのサービス（世話）が受けられるよう変革が進んでいるという。

二人の葛藤は、そのどちらかを選択することになるのか。あるいはお互いの〝落としどころを〟発見できるかもしれない。いずれにしても、いま、その試行錯誤が始まろうとしているわけだが、その過程は、未来に向けてつながっていくであろう実に貴重な試みでもある。

小坂和子

♠男性サイコロジストの分析♠
Masculinical Psychologic-Study

ひとり息子との結婚

こちらは「人間として当然の」「最低限の」と信じていたことが、理恵さんにとってはそうではないのだと知ったときの衝撃。忍さんが思い描いていたことはガラガラと音をたてて崩れた。「息子と結婚したそのときから、理恵さんも自分の家族だと思っていたのに。どうしてわかってもらえないのだろう？」

それでは理恵さんの立場から考えてみよう。

夫の父親が入院したときも、お見舞いしか思いつかなかった。なんの悪気もなかったので、それを夫の母親がどう感じたかなど、考えもしなかった。ひとり息子と結婚したなどと、ことさら意識したことはない。結婚した相手にたまたまきょうだいがいなかっただけのこと。夫の両親の世話など想像外のことだ。もちろん責任など感じていない。多少の義理はあると思うが、義務はないだろう。自分は夫と結婚したのであって、その両親と一緒になったわけではないのだから。それを「家族」などと思われるのは、はっきり言って、ありがた迷惑だ。不当な干渉とすら感じられる。

夫の親が困っているのに何の協力もしなかったこととなると、さすがに後ろめたさは感じる。かといって自分を犠牲にして尽くすのは苦痛だし、それでは自分を偽ることになる。夫の親としても、わたしが自分を偽ってまで世話をしてほしいとは思わなかったのではないだろうか。それに、いくら親戚であっても、ベタベタした関係ではおたがいに気が重い。まったく知らないふりをするつもりはないが、できるだけあっさりした関係でいきたいものだ。

日本中で繰り返されている、こうした世代間のギャップ。理恵さんは自分に子どもができたとしても、将来、面倒をみてもらうつもりはないのかもしれない。ここには、それぞれが「当然」と思い込んでいることの内容がまったく違っている、という現実がある。相互扶助・相互依存的な生きかたと、独立あるいは孤立した生きかた。後者はドライで、人間関係の煩わしさから自由であるように見える。

―姑の依存心―

ところで忍さんには心細さが募っている。じつは自分のなかに「依存したい」気持ちがあることに気づかされたのである。

忍さんは今まで理恵さんのことを「嫁だから当然」と思ってこなかっただろうか？　こちらからすれば「身内」として扱っているつもりが、相手には「不当な干渉」や「支配」として感じられることがあるものである。それは『理恵さん、〜しておいてね』などといった何気ない言葉づかいの些細な部分で感じさせてしまう。

息子は永久に「自分の息子」であり、結婚してそこに理恵さんが割って入ってきて、家族の新しいメンバーになった、ぐらいに感じていたのではないだろうか？

理恵さんは他人であり、息子と結婚して一つ別の家族を設けたのである。「他人だ」ということを前提にした思いやりや暖かさは可能だろう。それをもっと考えることが迫られている。

一方、理恵さんは、みずからの両親とも切れている。これは「自立している」というよりも、まだ子ども気分が抜けきれていないのではなかろうか。自分の両親のことを兄夫婦に任せっぱなしにしている現状では、夫の両親のことをきちんと考えるのも難しいように思われる。

河原省吾

――ふたりの先生のお話を読みながら、とてもショックだった。もっと私の気持ちをわかってほしかった。なんとなく、私の思いがベタついたものとして突き放されているような気がした。この方々もやっぱり若い世代なのだ。言葉の端々に「年寄はすぐ若い者にベッタリと寄りかかろうとするから、うっとうしい。老親は子どもへの甘えを捨てて、最後まで自力でしっかり生きてほしい」という考えが滲み出ている。

しかしそれで、理恵さんもきっとそうなのだろうと腑に落ちた。……きっと、これからの世の中はおおむね、そんなふうになってゆくのかもしれない。

たしかに理恵さんは息子と結婚したのであって、私たちと身内になったつもりはないのだろう。でも、他人と同じように割り切った交際をするのは、どこかおかしいと思う。息子と結婚した以上は、その息子とつながる親たちとも、すこしは親しく付き合うのが普通ではないだろうか。もちろん、時代は変わったのだから、昔のように「長男の嫁」という意識に縛られてはいけないことは、重々承知しているつもりだった。息子が結婚するとき、「ひとり息子はやっぱりマザコン」と言われないために、自分を抑える決意をしたものだ。それからというもの、理恵さんに言いたいことは山ほどあったが、ぐっと我慢して、あの人のペースを尊重してきたのだ。

しかし、頼みの綱の夫が病気で倒れてから、心細さがつのってきたのは確かである。杖とも柱とも頼んできた夫は、もはや私の護《まも》り手にはなってくれない。今度は私が夫を支えなければならないが、私自身、足腰が弱くなり、体力も落ちてしまっている。高い所にある軒燈の電球を取り替えなければならないとき…、どしゃぶりの雨の日にショッピング・カーを引っ張って買物に行かねばならないとき…、電気製品にはやたら押しボタンが多くなり、説明書を読んでもちんぷんかんぷんで、どうにもならないとき…。そんな日々の暮らしのなかのちょっとした困難が、私には身にこたえるようになってしまった。そんなとき、しっかりした若者には手助けしてもらいたいという思いがこみあげてくるのである。

こんな気持ちは、からだのあちこちにガタがくるようになるまでは、感じたことのないものだったのに…。

幼い子どもが安心して親に甘えて成長してゆくように、老いの坂道を転がり落ちる私たちにも、頼りになる支え手は是非とも必要なのではないか。

私にも理性はあるから、息子や理恵さんの生活の邪魔をしたいとは決して思っていない。それほど負担にならない範囲で、ぬくもりのある付き合いをしたいだけなのだ。「そんな相手は友人や近所づきあいのなかから探せ」と言われるかもしれないが、家族こそが何より大切と信じてきた私には、家族以上に親密な他人などいるはずがない。もちろんそれなりに和やかにお付き合いしている人たちはいるが、本来は息子夫婦に気軽に頼むようなことを、わざわざ他人様に頼むというのも、気兼ねなものではないか。

たとえば病院に来た理恵さんに私が期待した言葉は、

「わたしは仕事があるので病院へはめったに来られませんが、洗濯物はまとめて夫に渡してください。洗濯ぐらいは自宅でできますから。乾いたらすぐ夫に届けてもらいます。」

といった程度のことだった。

仕事を休んで看病を手伝え、などと望んだわけではない。そんなことは初めから無理と諦めている。ただ、理恵さんにとって大きな負担にならないかたちでよいから、親身な思いやりの姿勢を示してほしかった。せめてこんなときぐらいは、こちらの身になって考え

てくれてもよいではないか！　ほんの少しエネルギーを出してくれるのが当然ではないだろうか‼

それさえ親の側の身勝手な甘えというのなら、子どもを産み育てる女性はいなくなるのではないか、と思う。——

相談者　忍のつぶやき

＊
＊

●ケース4●独身女性・路子の相談

それなら なぜ 愚痴を言うの？

高校時代のクラスメイト、千恵子さんと街でばったり会ったのは偶然のことでした。それほど親しい間柄でもなかったのに、二十年ぶりということで、彼女はとても懐かしそうに声をかけてくれたのでした。

それからというもの、ときどき電話がかかってくるようになりました。世間話、同窓生の噂話、そして千恵子さんの家族のこと…。わたしにとっては、さほど興味のある話題でもありません。でも話の腰を途中で折るわけにもゆかず、ついつい長電話につきあってしまうわたしでした。

彼女は中学二年生の娘さんのことで悩んでいました。娘さんが髪の毛を茶色や金色に染め、学校をサボって街で遊んでいるらしいとか、万引きをして補導されたとか、思春期の子どもをもつ親の苦労話をあれこれと聞くことになりました。わたしはべつに専門家でもなんでもなく、適切な助言はできませんでしたが、自分が中学生だった頃を思い出して、子どもの気持ちをあれこれ想像し、『娘さんはこんな気持ちじゃないかしら』とか『母親がそんなふうに口うるさく言うと、親心だとはわかっていても、子どもは反発するものよ。わたしもそうだった』というように話してあげました。わたしは妻でも母でもないので、思春期の頃の自分を振り返ると、遠くに霞《かす》んではいても直線状に見えるのです。妻・母になっている人は、いくつかの角を曲がって来ているので、振り返ってもその頃が見えにくいのかもしれません。

娘さんの話をきっかけにして、千恵子さんは自分の結婚生活への疑問や不満をあれこれ語るようになりました。娘のことで相談しても、仕事が忙しいのを口実にろくに相手になってくれない夫、悪いことはなんでも嫁のせいにする姑、勝手なときにだけお金を借りに来る夫の弟妹、自分の子どもより成績のよい親戚の子、…何度も何度も同じような話を聞かされたものです。自分の日常生活と直接に関係のないわたしは、彼女にとって手軽で安全な、愚痴の吐き出し処だったのかもしれません。

そのうち、『あなたが羨ましいわ。ひとりで自由に伸び伸びと生活しているでしょ。自分のために生きているのよね。わたしも、あなたのようにキャリア・ウーマンになればよかったわ』といった言葉がしばしば聞かれるようになりました。

人間だれしも他人から「羨ましい」と言われるのは悪い気がするものではありません。わたし自身、なんとなく結婚しそびれて仕事に打ち込んできただけで、別段、深い考えや堅い信念があっての独身生活ではありませんでした。ときには「やっぱり結婚したほうがいいかな」とか「このままひとりで年をとるのも淋しいなあ」と、落ち込むこともあったのです。そんなわたしにとって、「不本意なことの多い妻・母としての生活より、ひとりで好きなことをしているほうがずっと幸福」と言ってくれる千恵子さんの言葉は、耳障りがよく、それがわたしの支えになっていたことも確かです。

そうこうするうちに彼女の娘さんはどうやら落ち着き、高校入学も果たしました。千恵子さんはどんなにかホッとしたことでしょう。わたしも『ほんとによかったね』と彼女の苦労をねぎらって、いっしょに喜びあいました。

そんなある日、いつものように電話で話をしているとき、千恵子さんが、ことさら言いにくそうに口ごもりながら、こんなことを言ってきたのです。

『高校の先生が保護者懇談のとき、将来の進路についてはなるべく早くから考えておくように、と言われたの。そのときわたしの思ったことは「職業に関しては本人の好きな道を選べばいい。ただ、やっぱり結婚はちゃんとしてほしい。それが人間の基本だ」ということだったの。いろいろあってもね、やっぱり結婚できる女性になってほしいのよ。』

千恵子さんがそう思うのは彼女の自由です。でも、これまでさんざん愚痴の聞き役をやってきたわたしに対して「結婚していない女性は人間の基本を満たしていない」といわんばかりの言い草はないんじゃないでしょうか…。これまでさんざんもたれかかっておきながら、突然、背負い投げをくらわすようなものです。そうすることで彼女は、いままでの「ちょっと負けているような感じ」を一挙に逆転したかったのかもしれません。

それ以来、彼女からの電話はずいぶん間遠になりました。もちろんわたしも電話をかける気にはなりません。わたしの心のなかには何となく、残酷なかたちで利用されたような割り切れなさがのこっているだけです。痛みというほどではありませんが、この後味のわるさをどうすればいいのでしょうか？

独身女性　路子・40歳

♡女性サイコロジストの分析♡
Feminical Psychologic-Study

結婚願望

ごく最近まで、「結婚」は女性にとって人生最大の仕事とみなされていた。

このように書くと、『いいえ、いまでもそうだわ！』という声が聞こえてきそうである。幼児期には早く成長することを期待され、学齢期に達すればより高い教育評価を得ることを求められて十代を過ごした多くの女性は、その後、ふと「結婚しなければならない（のではないか）」との思いにとらわれるときがある。彼女たちは、ときには周囲からのプレッシャーから、またときには友人の結婚の知らせに接したときの置いて行かれたような気持ちがきっかけで、自分にとっての「結婚」の意味と出会うことになる。

特定の男性の伴侶になりたいという欲求の成就としての結婚、妻となって世間から認められたいという願望を満たすための結婚…。いまや離婚が特別のことではなくなり、結婚生活が必ずしも「バラ色の幸せ」などでは到底ないものとわかっていても、それでもなお、漠然と憧れる世界なのかもしれない。あるいは、神秘的なまでに「結婚」にひきつけられ、みずからの歩むべき道として追求することもあるだろう。

人生の曲がり角

かつて女性は結婚の宗教的儀式を通じて、娘としての自分の「死」と、男性との結びつきによる新しい女性の「誕生」を体験したのであった。路子さんによれば第一の「曲がり角」ということになる。そして第二の「角」を曲がって、千恵子さんは母になった。一方、路子さんは、娘時代の自分を「直線」のかなたに見ることができると実感している。

この言葉に何やら意味深さを感じて『曲がり角に、まっすぐ向こう』とつぶやいていると、思いがけないフレーズが浮かんできた。

「二つ目の横丁を右、それから朝までまっすぐ」――これはピーター・パンがウェンディに話した、ネヴァーランドへの道順である。もちろんピーター・パンは大人にならない「少年」なのだが、原作をひもといてみると、ディズニー映画とは別の描写に出会うことができた。ピーターの名前は、幼い子どもたちの心の国の地図にいつのまにか刻み込まれていること、また、不幸にも子どもたちが死ぬと、ピーターが天国への道を途中までいっしょに付いていってやること、などはさておき、「子どもをもたない女の人たちの顔や、『ある母親たち』の顔にも、ピーターの面影を見ることができる」などと記されているのである。となると、ピーター・パンは必ずしも「結婚しない男たち」の特権ではないかもしれない（ちなみに日本のミュージカルではなぜか、少女や活気にあふれた独身女性がこの役を演じることになっているようである）。

しばらくこの連想のまま、お話を進めてみることにしたい。

心のなかのピーター・パン

娘というものの気持ちを語るとき、路子さんのこころはきっとピーターのように時間を超えて、まっすぐ少女時代へ飛んでいったことだろう。千恵子さんの娘もおそらく、お母さんの向こうに「応援者」の存在をかすかに感じ取っていたはずである。そのことがどれだけ彼女を支えつづけたことか…。

また千恵子さんからみた路子さんの世界は、一度も行ったことのない夢のようなネヴァーランドに見えていたようである。実はそこには海賊も、おそろしいフック船長も住んでいるのだが、どうやら路子さんは千恵子さんの聞き手に徹していたようで、そのような煩わしいことがあるとは千恵子さんの知るよしもない（あるいは真実のネヴァーランドに誘ったとしても、ピーターがいれば、彼女たちが深く傷つくことはない)。

人は、よい聞き手を得ると、その人物とのあいだに、自分のこころの底で求めている世界を、ささやかな幻として描き出すものである。

「自由で伸びのびとした生活」「一人で好きなことをしている幸福な世界」は、むろん路子さんの現実世界のひとつの断面だったことは間違いないが、それは同時に、千恵子さんの創り出した夢想の世界でもあった。自分の世界を否定しながら、「わたしもその世界にいたら」と夢想することで、千恵子さん自身のこころも支えられていたのである。決して路子さんだけが支えられていたわけではない。

そして千恵子さんのこころのなかでは、少しずつ、自分の日常世界へ帰って行く時が迫ってくる。それは夢想の役目が終わる時でもある。

ピーターの涙

ご存じだろうか、部屋に戻ったウェンディたちと、ネヴァーランドに戻ったピーターの、その後を。

――ピーターは、ウェンディのお母さんと「春の大掃除には一週間、ウェンディにネヴァーランドへ来てもらう」と約束する。何度目かの旅のあと、知らないうちに時が経ち、やがてウェンディは大人になり、娘をもつ母親になっている。ある春の日、ピーターは窓辺に降り立つが、ウェンディがふつうの大人の母親になっていることを知り、彼は叫び声をあげて激しく怒り、幼い娘ジェインに短剣を振りかざす。しかしそれもできず、むせび泣くピーター。

そんな彼を慰めたのはジェインだった。やがてその役割はウェンディの孫娘マーガレットに引き継がれ、こうして物語はずっと繰り返されていくとされている。

路子さんのこころのなかのピーターの怒りと悲しみは、どこに行くのだろう…。

小坂和子

♠男性サイコロジストの分析♠
Masculinical Psychologic-Study

―身内のカウンセリングはするな―

「カウンセラーなら、タダで悩みを聴いてはいけない」と、よく先輩に言われた。

これは、プロの仕事はプロの仕事場でするべきだ、ということであって、たとえば、プロ野球の選手はいくら友達に頼まれたからといっても草野球の試合に出てはいけない、とか、プロボクサーは街で喧嘩をしてはいけない、といったタブーと同義である。プロ野球選手が草野球で投げて、たまたま素人さんの振ったバットに当たってホームランなんてことになったら、いったい誰がお金を払ってプロの試合を見に来るだろうか。まして街中のチンピラにからまれて喧嘩をするようなボクサーなんて、とてもプロとはいえないだろう。

確かにカウンセラーなどという仕事をやっていると、『ちょっと相談に乗ってよ』と気軽に声をかけられ、しかも単なる友人としての回答以上のものを求められることは少なくない。そこで『いや、カウンセリングやるならカウンセリングルームでやらないと…』とか『料金を頂かないと…』などとは、なかなか言えない（言えないから、先の格言は金言としての価値をもつのである）。

もうひとつ言われたのが、「第三者になれない、身内のカウンセリングはしない方がいい」という格言である。

これは、お金がとれないこと以上に、現実世界の当事者として巻き込まれる時にはカウンセリングなんてできない、ということを意味している。カウンセラー自身が、身内にとって悩みの種になっていることだって少なくないのだ。そこへノコノコ『話を聞かせてください』などと出て行けば、お話にならないのは当然だろう。

中途半端なカウンセラー役

さて問題の路子さんは、千恵子さんにとって何者だろう。もちろん専門家ではないし、身内でもない。ただ友人として相談に乗っているだけである。「残酷なかたちで利用されたような割り切れなさ」が残るのは、そのせいである。

専門家なら、蔑《ないがし》ろにされたり傷つけられたりしても、「それも仕事のうち」である。実際、カウンセリングの多くの部分は、他では言えない愚痴や恨み辛みをクライエントさんに思う存分口にしてもらうことにあるのだ。カウンセラーはたたかれてナンボ、結構我々はサンドバッグ並みに厚かましい。

一方、身内は「どこまでも付き合う仲」である。冠婚葬祭ことあるごとに顔を合わせる機会があるかもしれない。厭味を言えばあとで復讐されるかもしれず、甘えれば甘え返されるかもしれない。いきおい、付き合いは節度をもったものになり、細く長く付き合えるような適度な距離を保つことになる。だから、言いにくい話はできるだけしないようにするだろう。

その「言いにくい話」をしてしまうのは、いつでも関係を切れる、カウンセラーのような中途半端な関係である。つまるところ路子さんの不幸は、できれば細く長くつきあいたい友人なのに、カウンセラー役割をとってしまったことにあるといえよう。

千恵子さんの行動に矛盾はない。無料でカウンセラーのように話を聞いてくれる路子さんは、なんでも打ち明けられる相手だった。

問題は、千恵子さんと路子さんを対として見たときに起こってくる。

「結婚」という、良くも悪くもある体験をはさんだ二人。結婚しているほうは、していない人を嫉み、していないほうはどこかで、している人に負い目を感じる。心理学ではこういった関係を〈相補的関係〉という。

おたがいに欠けた部分を補い合う関係…それは同時に、おたがいに相手の欠けている部分に対して優越感を抱く関係に反転することもある。

無意識のコンプレックス

その理由はこうである。

人間は本来、おもてにあらわれている部分とは正反対の側面を、各自の無意識の内に押し込めている。つまり、そもそも意識と無意識が〈相補的関係〉にあるのだ。それが対人関係のかたちで表われると、千恵子さんと路子さんのように、現実世界での〈相補的関係〉になる。いわば二人は、自らの無意識的なコンプレックスを相手のなかに見ているようなものである。つまりおたがい、自分がこれまで関心を払ってこなかったり、どちらかというと蔑ろにしてきた側面を、自分から切り離して相手のなかに投げ込んできたのかもしれないのだ。

それが現実の関係のなかで保持されているあいだはよいのだが、一方の側に、無意識的な側面を意識に取り入れようとする動きが出てきたとき、この場合だと千恵子さんが、結婚をしながらも独立した一人の女として生きていくことに目覚めかけたとき、路子さんという、外に置かれたコンプレックスは不要になる。

千恵子さんは路子さんと出会い、その生きかたに触れることによって、「結婚した自分」の生きかたを見直すことができるようになった。千恵子さんにとっては本来、路子さんの生きかたは、自分が生きてこなかった（こられなかった）側面であり、自分では選択（結婚せずに自立していきるという）をしなかった生きかたである。

しかし結果的には、自分の選択した生きかたのほうが、選択しなかった生きかたよりも大切であり、「自分は間違っていない」という確信が大切になった。かくして、路子さんを通してある程度「自分の選択しなかった生きかた」を味わった千恵子さんは、あらためて「結婚した自分」を高く評価することにしたのである。

自分にエールを

ひとは一人では生きていけないが、他者といつまでも同じ関係を維持して生きていくことも不可能である。関係そのものは絶えず変化し、人びとは愛し合い、そして別れねばならない。その過程のなかで、切り離していた自分や諦めていた生きかたと再び出会い、羨ましく思ったり、残念に思ったり、「どうってことないさ」と強がったりしたくなる。

それは馬鹿げているかもしれないし、子供っぽいかもしれない。しかしながらそうした動揺は、生きているかぎりけっして避けられないものなのだ。

そんな感情に振り回される自分が、どこかいとおしく思えるようになったら…。「がんばってね」とエールを送りたくなるように思えたら…。それがカウセラーのささやかな願いでありすべからく〈自己実現〉だの〈個性化〉だのと呼ばれることなのだ。

高石浩一

——先生方のお話を読んで、そしてパッと閃いた。

私と千恵子さんの違い——それは、自分の内にある羨望を無邪気に丸だしにできる彼女と、そういったものを抑え込んで淡々とした顔をしてしまう私の違いなんだ、と。

私も、彼女との電話での長話のなかで、さんざん言ってみればよかった。

「でも、どんな夫でもいるほうが心強いわよ。表札に男の名前が書いてあるだけでも泥棒よけになるのよ。」

「日本の男性って、不倫をしても結局は妻のもとへ帰って行くのよ。さんざん泣かされた女性を何人も知ってるわ。なんやかやいっても、妻という字には勝てないの。妻というのは、究極の選ばれた女なのよ。」

「自分の遺伝子を受け継いだ子どもがいるというのは、最高に安心なことじゃない。自分が死んだあとも、この地球に自分の遺伝子が残っているんですもの。わたしなんか、ひとりっ子だし、自分が死んだら、この地球上に何の痕跡も残らないのよ。水の泡みたいに、はかない存在なのよ。」

こんなセリフならいくらでも言える。私自身の内部で、これまでに何度も呟いてきたセリフなのだから。

それを他人の前で口にするのは侘《わび》しいから、言わないだけ。そんな思いはぐっと抑えこんで涼しい顔をして暮らしているの。それに、いつもそんなふうに思っているわけでもないし…。自分の仕事に燃え、生活に満足していることも多いのだから。

もし私がこんなセリフを千恵子さんに語っていたら、どうなったかしら。彼女はきっと、自分のほうが「幸福」だと感じて満足し、私では相談相手にならないと思って、早々に電話をしなくなったにちがいない。私がなんとなくヤセ我慢を張って、そんな羨望は口にしなかったから、千恵子さんは何かしら口惜しさがたまって、最後にあんな意地の悪いセリフを吐いたのかもしれない。「やっぱりわたしの人生のほうが幸福なんだ」ということを確認せずにはいられなかったのだろうな。

こうして考えると、時には、自分の持っていないものを持っている相手に、素直に羨望や嫉妬を言葉で伝えるというのも、大切なことのように思えてきた。そのぐらい開放的に生きるのが、私には必要かもしれない。涼しい顔をして忍耐強いカウンセラーもどきの役なんかせずに…。

こんなふうに思えるきっかけになった、あの出来事は、もしかしたら私にとって、ひとつの転機になるものだったのかもしれない。そう感じて、気持ちがすうっと晴れた。でも、だからといって千恵子さんとつきあうのはもうたくさんだけど——

相談者　路子のつぶやき

⚜

⚜

●ケース5●母の娘・頼子の相談

実の母にも競争心が

わたしは四十八歳。「妻・母・職業人」の三役をこなしてきました。子ども二人も、どうにか社会人と大学生になり、ようやくホッと一息ついたところです。この二十年間、わたしがこの三役をつつがなくやり通してこられたのは、ひとえに、近所に住む実家の母親の協力のおかげでした。

母は今年、七十四歳になります。ほんとうは自分自身が社会に出て活動してみたかったらしいのですが、当時のことゆえ親に許されず、見合い結婚後は専業主婦として舅姑に仕える日々を送ってきました。母にとっては不本意なことの多い生活だったと思います。それだけに母は、わたしに期待をかけ、学歴を身につけて就職し社会で活躍できるようにと、ずっと叱咤激励しつづけてきました。おかげでわたしは大学卒業後、公務員試験に合格し、職場で知り合った夫と結婚して今日に至っています。

仕事と家事・育児の両立は、けっしてなまやさしいものではありませんでした。

子どもを保育所に送り届け、職場に着いて仕事を始めたかと思うと、『お熱が出ていますので、お迎えに来てください』との電話です。仕事の忙しいときにかぎって子どもは体調を崩したり、転んでケガをしたりするのです。もし母の協力がなかったら、わたしは子どもに当り散らしたり、自分がからだをこわしたりしていたかもしれません。もちろん夫も、ある程度は育児に参加していましたが、夫の仕事はわたし以上に忙しく、残業続きの毎日でした。世間の人はいまでも「公務員は暇だ」と決めつけているようですが、部署によっては民間以上に忙しいところも珍しくないというのが現状です。

わたしたちは「裏方」を務めてくれる母の存在なしにはやってこれなかったといっても過言ではありません。女性が社会へ進出し、男性と肩を並べて活動するためには、なんらかのかたちで家事・育児の部分を肩代わりしてくれる機能が不可欠だと思います。とにかくわたしは母の全面的な支援のもとで、母が望んで得られなかった「家庭の幸福も世間並みに確保しつつ、仕事の場でも世間並みの達成を遂げる」という二足の草鞋《わらじ》をはいて走り通してきたのです。母も大変だったでしょうが、きっと満足してくれているものと思っていました。

ところが、子どもたちから手が離れ、ようやくホッとして、生活をエンジョイしようとしたのも束の間、今度は母が、やたらとわたしにつきまとい、からみつくようになったのです。

たまの日曜日、久しぶりに同級生が集まって洒落たレストランで食事を、とか、職場で一泊二日の研修旅行に、とか、わたしには予定がいろいろ入ってきます。もちろん、母への親孝行の機会は別に設けてあります。それはそれとして、わたしはわたしなりの友人とのつきあいや、ひとりの時間を楽しみたいのです。ところが母には、それがとても贅沢なことにうつるのです。

『いったい誰のおかげで、ここまで来れたと思ってるの!』…わたしが誰よりも信頼し、安心しきってもたれてきた実母から、毎日のようにこんな言葉を聞かされると、自分を支えていた磐石の地面が崩れてしまうような心許なさを覚えます。

わたしは一度も母の期待を裏切ったことなどありません。母はみずからの気持ちで、わたしのための「裏方」を引き受け、わたしが活躍すればそれが自分の誇りであり喜びであると感じてくれていたはずです。それなのに、いまになって、まるで自分がわたしの犠牲になったような言いかたをする母の気持ちが、わたしには理解できません。母はわたしのことが単純に羨ましいのかもしれません。でも、それって、あまりにも未熟な反応ではないでしょうか？

これからさきずっと母のお相手をしなければならないとしたら思いやられます。実の母といえども、やっぱり、人の世話になったのが甘かったのでしょうか……。

母の娘　頼子・48歳

♡ 女性サイコロジストの分析 ♡
Feminical Psychologic-Study

―娘を通じて願望実現―

母親のライフサイクルと娘のライフサイクルについて、しみじみ考えさせられた。母親は、自分の人生をこんなものにしたいという願望がありながら、時代の壁に抗しきれず、あるいは自分の能力を開花させるチャンスに恵まれず、ささやかな野心を持つこともあきらめて、たぶん人並みに幸せな結婚をしたのだろう。やがて彼女は母親になった。そして、自分の分身である娘を通してみずからの願望や憧れを実現させようとし、あれこれと協力し献身する。その娘といえば、母親の全面的なバックアップに支えられて、社会的な仕事に就くことができ、たぶん家庭も円満に営んでくることができた。

母親と娘の間で持ちつ持たれつの二人三脚が成り立って目的を共有しているとき、問題は起こらない。ところが「お母さんは、わたしがつつがなく成功したことを心から喜んでくれていた。それが、こんな今になって…なぜ？」という娘の当惑が、この相談である。頼子さんには、母のもっていた娘を縛ろうとする否定的な面がにわかに意識され、これまでのよい関係もすべて反転して見えてきて、どのように母親と付き合っていけばよいのか、思い悩んでいる。

中年期の解放感

中年期とは、体の機能の変化だけでなく、家庭や社会での役割や立場などの変化に直面せねばならず、なにかと「失う」ことの多い年代であり、それが心理的に及ぼす影響は大きい。それゆえこの中年期は、老年への転換期としてきわめて重要な時期として位置づけられる。

依存の対象を失った孤独感のなかで、これまでの人生を振り返る勇気をもち、新しい自分の世界を築くのは、言葉でいうほど簡単なことではないが、そうすることでこそ世界は広がりをもち、自分の人生にとってかけがえのない大事な人との幸せな関係も約束される。

青年期を迎えた子どもたちは家を去り、懸命に世話をし愛情を注いできた対象がもはや自分を必要としなくなった。自分がそこに依存している度合が強ければ強いだけ、自分が必要とされなくなることの痛みは大きく、「見捨てられた」との怒りも強い。頼子さんの母親のように、当然のこととして要求がましく娘を困らせるばかり、という場合もあるだろう。周囲の誘いでカルチャーセンターに通いはじめはしたものの、自分の子どもや孫の自慢ばかりしてすっかり嫌われてしまった、という高齢者の話も聞く。

頼子さんはいま、この中年期を生きている。

娘は子育てを含めた女性としての役割を終え、いくばくかの寂しさはあるだろうが、縛られていたものがなくなったような解放感を感じてもいる。これから母親を看取らねばならないだろうが、それはまだ先のことである。長年のもろもろの責任が軽くなったということでは、第二の青春のような気分でもある。仕事や子育てのために疎遠になっていた友達と再会し、仲間どうしでこれからの女性たちの老後について語り合ったりする時間も持てるようになった。ひとりの自由な存在として、誰からも（母からも）束縛されない自分が感じられているようである。

一方、その母親の中年期はといえば、母娘の二人三脚がいまだ継続されており、娘の家庭の世話をすることによって逆に、中年期の「喪失」という人生のターニングポイントが中途半端にしか経験されていない。中年期の課題を先送りしたまま老年期と向かい合うことになってしまったわけである。そういう焦りのなかで、娘がルンルンしているようで面白くない。娘のほうにもなにがしかの罪意識があって温泉旅行をプレゼントするが、母親としては、「もう役立たずになってしまったから…」と、関係が逆転してしまったことを嘆くばかり。母親には自分が尽力して娘を幸せにさせたという絶対の自信がある。そうでなければ、これまでの自分の人生を否定することになるからである。「こんどは、わたしの人生を支えてくれるんじゃなかったの？　こんなに情けなく悲しいことってあるかしら」と、その怒りは、すねたり、まとわりついたりという形で間接的に表現されている。

老いた母から学ぶもの

さてさて、どうしたものだろうか。

まずは、これまでの母親と自分の関係がどのようなものであったのか、見直してみる機会を与えられたと考えよう。すると、母は母、自分は自分、と思っていたけれど、実はお互いに依存しあって成り立っていた関係であるとわかってくるだろう。頼子さん自身が母親と同じ人生を踏襲しないためにも、反面教師としての母親から学ぶことは限りなく大きい。

また、頼子さんにとって「老い」はまだ未知の世界であり、理屈ではわかっていても、現実にそれがどんなものなのか、日頃は意識せずに過ぎてしまう。若くて生き生きと世話をしてくれていた母が、徐々に肉体が衰え老いてくるありさま、それに伴って精神的にどんなダメージを受けているのだろうか。絶望的になっているのか。あるいは現実を受け止め、これまで生きてきた知恵を働かせて立ち向かおうとしているのか。それを間近に見せてくれるのが、気がついたときから自分の傍らに存在していた母親なのだ。まさに生きた教材として学ばせてくれるのである。

母の人生を、ひとりの女の物語として距離をとって客観視してみると、かりにそれが自分の願う理想の母親像ではなかったとしても、ひとつの生きかたから学ぶべきものを提供してくれる。そうすると不思議に、母への怒りは、いとおしさへと変化していくだろう。これまでのことに「ありがとう」と感謝できたとすると、それは母親コンプレックスを乗り越えられたからなのだろう。そして娘は、自分にとっても限りある時のなか、自分の全人格を賭けて、自分が納得できるように、母との新しい関わりを築いていこうと思うだろう。依存とは違う対象との関係を模索しながら、より豊かな人生を目指したいと思うことだろう。

そして頼子さんはやがて、今度は自分がこの世に生み出した娘（がいることにしよう）と共に、世代を越えて女性どうしとして、人生を語り合えるに違いない。

服部孝子

♠男性サイコロジストの分析♠
Masculinical Psychologic-Study

―二人三脚のズレ―

自分の活躍はお母さんの誇りであり、自分の生活が充実することはお母さんの喜びである、と頼子さんは信じて疑ってこなかった。だからいま「どうしてわかってくれないの?」という気持ちでいっぱいだ。お母さんが強力にサポートしてきてくれたのは自分への愛ゆえだと、頼子さんは信じてきたのだが、じつはそうではなかったのだろうか? そんなふうに考えると、とても心細く感じてしまう。

母親の側から考えてみよう。

二人三脚で苦を共にして、やっとのことでここまで来たのだから、贅沢は許されないと思う。なのに娘はすっかり変わってしまったように思える。あのころは苦労も多かったが、つらいとか嫌だとかいうようには感じなかった。もともと四六時中、立ち働いているのが自分の性に合っているのかもしれないが、毎日が充実していた。自分のかなえられなかった夢を娘に託し、頼子さんが学校・仕事・

結婚・子育てに取り組んでいくのを、いっしょに取り組んでいる心持ちでいた。ところがいま頼子さんが自分の楽しみを求めだしたと知ったとたん、自己犠牲だなどとは感じてもいなかったあの日々のことが、ばかばかしい苦労にすら思えてきた。「そんなの、ありなの？」という、裏切られた気持ちだ。

自己犠牲の代償

自分にも厳しいが他人にも厳しいという人には、自他をコントロールしたい気持ちが隠されている。この母親の場合、娘をコントロールしたい気持ちが「自己犠牲」というかたちで表われていた。自己犠牲であるからには非難のされようがないし、誰も非難しようとは思わない。当の頼子さん自身、助かっていたのだから、お母さんをたよりきって疑うことがなかった。ところが、やっと自分も楽しみを求めたいと思うようになったとたん、自分と母の思いが同じではなかったことに気づかされたというわけである。

この母親は、頼子さんがみずからの楽しみに目を向けると『自分は自分の人生、お母さんはお母さんの人生を…』と言われているような気がして、裏切られたと感じた。娘を独立した人格だと認められないでいる。そもそも、もしそういう受け止めかたをしていれば、ここまで苦労を共にしてくることはできなかったかもしれない。

頼子さんが疑いもしなかったころ、お母さんは心強い味方であった。自分が困難な道を歩みつづけるのを強力に支えてくれた。ところがひとたび頼子さんが自分の楽しみを持とうとすると、お母さんは手強い反対者となった。娘の自立した意志が存在することすら許さないとでもいうように。

ここにおいて母親はまったく反対の顔をあらわしたのだが、じつはそれは反対というより、表裏一体の顔でもある。

―二人三脚からの自立―

この母親は、みずからの母からは得られなかった援助を自分の娘には与え、献身的に協力することで、自分も満たされていた。それがいま、娘に置いてきぼりにされる不安を感じている。頼子さんが自立していくことが母親を不安にさせるのである。この母親は、独立した個人として生きていけない。「娘のため」とは別に「自分のため」というものがある生きかたができない。「自分のため」が「娘のため」と一体になっており、「自分のため」のほうは意識されていない。だから、自分が援助しないとやっていけない時代が終わると、母親は、自分の存在意義を認めることができなくなってしまったのだ。

かたや頼子さんのほうも、お母さんに助けてもらうのが当然だと思っている限り、母親から自立することはできない。彼女は、お母さんがこちらを手放さないように感じているが、「お母さんにはお母さんの人生がある」と真に考えることができれば、母親への感謝の気持ちをきちんと伝えるようになるのではないだろうか。

河原省吾

✢ ✢

――お二方のお話を読んで、改めて考えるところが多かった。

母が私の子育てを全面的に手伝ってくれていたとき、私は心のどこかで、それを感謝するまでもない当然のことと思い込んでいたことに気づかされた。

もしこれが、夫の母親の世話になっているとしたら、私はもっともっと気を遣い、感謝の気持ちも事あるごとに表現していたはずである。実母だから、自分と一体のように思い、気兼ねなく世話になれたのだろう。

そこには、「母の側にはそれ以外の生きかたなんてあるはずがない」という私の側の思い込みがあった。母はエプロン姿の似合う、台所にしか居場所のなさそうな人だった。だから、自分の子育てが終わってから、私の家で孫育てに専念するのが自然な生きかたに見えたのだった。

私にも娘が一人いる。年のずっと離れた姉妹に間違われるような、仲のよい母娘である。

しかし将来、娘が結婚して「子育てと仕事を両立したい」と言ったとしても、私は全面的に孫育てに協力する気になるかどうか、疑問である。もちろん少しは手伝うつもりはある。しかしそれを生活の中心に据えることなど、まっぴら御免だ。私には老後にやりたいことが一杯あり、娘や息子のためとはいっても、台所に縛りつけられるつもりはない。

そんな自分とひきくらべて、母には選択肢がなかった。自分にはない可能性を増やすために、母は私に学歴を身につけさせ、家庭と仕事を両立できるよう支えてくれたのだろう。そんな私が、母にとっては生き甲斐だった。ひょっとして母は、私を、自分の分身であり作品であるように思っているのかもしれない。

そして私は、その路線にうまく乗ってここまで来れた。

私にとっては、いまが「思春期の親離れの時期」なのである。違うことは、子どもの独立戦争を受けて立つ母国の側に、もう昔日の力量が残っていないことだ。母国はもう燃え尽きて、自らが心血を注いだ植民地に依りかかって生きようとしている。いまさら派手な独立戦争など、可哀想で、できるものではない……。

だけど燃え尽きたとはいえ、母国は母国のプライドを持っている。いまでも、かつての宗主国の権威を振りかざそうとする。大きくなった植民地が別の文化をもったり、他国と親しく交際するのが許せないのである。

そういえば、独身の友人の家に遊びに行ったときのこと…。

カクシャクとしたお母様が出て来られ、お茶室へ通され、お薄を立ててくださったのはいいけれど、長々と話し相手をさせられたのにはウンザリした。友人は申し訳なさそうな顔をしていたけれど、「さぁ、早くわたしの部屋へ行きましょう。お母さん、もう放っておいてね」の一言が、いつまでたっても口にできないのである。結局、お母さんを交えて食事をするはめになり、何をしに行ったのかわからない一日となった。それからは、招かれても行かないようにしている。私はあのお母さんの友人ではないのだから…。

あの友人も私も、良い母親に護《まも》られて長い年月を過ごしてきた。それぞれ形こそ違え、独立戦争の機会を逸してしまったのだ。しかし、まだまだ人生は長い。このままでは困るのだ。母をあまり傷つけることなく私の自由を確保するには、どうすればいいのだろう？　母には母の独自の世界を築いてほしいのだが、残念ながら、そういう社交性のある人ではない。これといった趣味もない。いまさらカルチャーセンターへ行けといっても、果たして足を運んでくれるだろうか？　…でも、このままではいけない。

とにかく、長年の母の献身には、家族そろって感謝の気持ちを表現しよう。夫にも子どもたちにも、よく話をして、ちょっとした言葉かけを忘れないよう頼んで、皆が母のことをなおざりにしていないことを表現していくようにしよう。母といっしょに遊びに出掛ける機会もできるだけこまめに作ってゆこう。

そのうえで、私には私の世界があるということを、ここは譲らずに主張していかざるを得ないだろう。母が不機嫌になろうと、それでめげてしまってはいけない。おたがいにギクシャクすることもあるかもしれないけれど、残りの人生のために、私はがんばってみようと思う。

それにしても、母と娘って本当にむずかしいものだなあ。――

相談者　頼子のつぶやき

●ケース6●OL・望美の相談

女王蜂は自分だけでいいの?

男性優位が露骨なほどはっきりしたわたしの勤め先で、40代前半の貴久子さんは、わたしたち女性社員の憧れの先輩でした。仕事の能力は誰がみても抜群だし、人当たりもとてもよく、ファッションのセンスもいい、「才色兼備という言葉はこの人のためにある」と思えてくるような存在でした。

そんなわたしたちは、貴久子さんが女性社員のために道を切り拓《ひら》いてくれているものと信じていました。そして、皆で彼女を応援してきたつもりです。

時代の流れもあって、とうとう貴久子さんは管理職になりました。もし彼女が男性なら、とっくの昔になっていたのでしょうが、それでもわたしの会社では女性でそこまで昇進した人はまだ誰もいなかったのです。会社も時代の流れには逆らえず、これからは女性をどんどん昇進させるつもりだ、ということでした。「彼女の次にはきっと自分が」と期待を抱いてますます仕事に励んだのは、わたしだけではなかったと思います。

やがて、わたしともう一人の女性に、管理職へのチャンスが巡ってきました。貴久子さんの下に新たなポストができたのです。貴久子さんがいるのだから当然、わたしたち女性が昇進するものと、誰もが思っていたのです。

ところが蓋をあけてみると、抜擢されたのは、わたしたちよりずっと後輩の、実績もほとんどない男性社員だったのです。わたしたちは会社の体質に改めて失望を感じましたが、貴久子さんはだけはわたしたちのために頑張ってくれたにちがいないと思い込んでいたのです。彼女自身、わたしたちにはさりげなく『やっぱりオトコ社会の壁は厚いわ…わたし一人の力では、とてもとても…』などと、さも申し訳なさそうな口調で話していたのです。

ところが、裏話が耳に入ってきました。わたしたち女性を抜擢しようとする人事部長に、執拗に反対したのが、なんと貴久子さんだったというのです。彼女は『女性どうしはやりにくい。あの二人はたしかに仕事はできるが、それだけに攻撃的で競争心が強く、協調性に欠けるので、わたしはとても上司として一緒にやれる自信がない』と、涙ながらに抵抗したのだそうです。

「よく言うよ！」、わたしは心のなかで叫ばずにはいられませんでした。たしかに貴久子さんは、みずからの手で茨《いばら》の道を切り拓いて、高いところに辿《たど》り着いた人です。自分の切り拓いた道を、ほかの女性が通って自分の立っているところまで登ってくるのが惜しいのでしょうか…。それでは、あとに続く者を引っ張り上げてくれるどころか、自分さえ高みに立つことができれば、あとからついて来る者はハイヒールの踵で蹴散らしてもよい、ということになるではありませんか…。

わたしは彼女を尊敬し憧れていただけに、この話は信じたくありませんでした。しかしいろいろ調べたところ、この話が嘘でないことがはっきりしたのです。貴久子さんを許せないというわたしの気持ち、まちがっているでしょうか？　わたしは貴久子さんの行為をどう理解すればよいのでしょうか。

OL　望美・35歳

♡女性サイコロジストの分析♡
Feminical Psychologic-Study

─女王蜂病─

貴久子さんは「男性優位が露骨なほどはっきりした職場」すなわち女性が閉め出されている領域において成功した。しかし、彼女を管理職へと送り出すことによって自分たちにも未来が開かれると信じて、よきモデルとして慕い応援してきたのに、相談者は裏切られ、貴久子さんをどう理解していいかわからなくなってしまった。自分が勝手に期待しすぎたのか、地位を得て立場が変わったことで貴久子さんの考えかたまでが変わってしまったのか、という望美さんの嘆きである。

結論をいえば、たぶん貴久子さんは管理職に就くと同時に「女王蜂病」にかかってしまったのだろう。この病いに冒されると、自分がその地位についたことを、時代の流れだからとか、周りの支持があってこそだというふうに考えられなくなる。外因的な要素より、自分の努力の賜物だと思い込んでしまう。だから、自分が選ばれて成功したのは「たまたま幸運な状況とチャンスに恵まれたから」というよりは「わたしの才能とこれまでの努力の積み重ねの結果」であり、「そこに立つ素質がもともととわたしにあったのだ」と考える。そして、「女性が地位を得られないとすれば、それは、その女性の問題なのだ」とする。なぜなら、そのほうが遙かに満足度が高いし、自己愛も満たされるからである。

こうして貴久子さんは、自分こそが女性のなかでトップにいる特別な存在であり、多くの同輩には手の届かないこの特権的な地位にいつまでも座っていたいと望むようになった。

女王蜂はその地位に到達するまでに、事実、不遇な時代を乗り越えてきたに違いない。きっと、専門的な技術や必要な教養を身につけるために時間を費やし、経済的な面での投資もしてきたことだろう。自分がこれほど苦労して手に入れた場所に、若い女性たちが楽々と入って来るなんて、快く受け入れられるはずがない。

―女王蜂は男がお好き―

成功をおさめた「女王蜂」たちはむしろ、自分をユニークな存在として評価してくれた男性たちに歩調を合わせようとするものである。みずからが属する女性という階層の利益よりも、自分を評価してくれる男性階層のほうに好意を向けるようになるのである。そして、管理部門にいる男性から好感をもたれているのなら、女性の能力を引き出すのに貢献するにはもっとも都合のいい位置にいるはずなのに、そのために尽力しようとはしない。逆に「自分は他の女性とは違うのよ」という態度を示して、女性排除の人事にもっていこうとまでする。そのほうが、仕事ができるだけでなく女らしくもあるのだ、と感じていられるのかもしれない。自分より下から階段を昇ってくる若い女性を部下として迎え入れることは「女王蜂」にとって、そういう意味でも脅威になるのだから。

女王蜂は、やる気があって有能な部下など望まない。「若い女性というものは、わたしを尊敬するどころか、野心的で、この地位と仕事を虎視眈々《こしたんたん》と狙っているか、それとも単にわたしを利用して玉の輿にのることを目論《もくろ》んでいるに違いない」と、そんなふうに考えてしまう。

実際これは被害妄想なのではなく、おそらく世の女性の多くは年長の女性に向けて、無意識的にこうした羨望と攻撃性を抱いているはずである。この葛藤を、女王蜂にしても過去にそうした経験をどこかで必ず体験していて、覚えのある感情なのである。だからこそ、今度それが自分に向けられるのはかなわない、と思ってしまうのだろう。

困難な完治

「女王蜂病」に罹患《りかん》していることがわかっても、それを完治するのは困難な仕事である。自分のこころのなかにくすぶっている羨望・攻撃性・破壊性を直視し落ち着いて対処できるようになるのは、それほど簡単なことではない。私自身、似たような状況に置かれたとしたら、そんな葛藤には耐えられそうもない。きっとまず「傷つきたくない」と思ってしまうだろう。

この作業を成し遂げられた人こそが、女性として次の段階への成熟が可能となるのではなかろうか。そして、こうした人間としての成長は、自分の生活のありかたを変えるだけでなく、他の女性たちの生活をも変え、連帯をもたらしてくれるに違いない。

服部孝子

♠男性サイコロジストの分析♠

Masculinical Psychologic-Study

―女王蜂は一匹でいい―

結論から先に言えば、そのとおり「女王蜂は自分だけでいい」のである。どんな蜂の巣でも、女王蜂は一匹である（と思う、調べていないけれど…）。同胞でない種族が一緒だと、必ず縄張り争いが起こる。人間が蜂よりも多少マシだなどと思ってはいけない。「生きがい」だの「個性化」だの「自己実現」を探し求めねばならないのは、働き蜂に徹して皆のために自らをなげうつ根性がない、人間のほうである。

人間は蜂より劣る…などとヒンシュクを買いそうなことを言ったついでに、もっとヒンシュクを買うことを言ってみよう。

男性優位の社会というのは、才能も能力も似たり寄ったりの男たちがとりあえず喧嘩もせずに共存できるように、長い年月をかけて作られた社会である。上司と部下の違いは、せいぜい年齢である。つまり、たとえ才能や能力がなくても長年勤め上げさえすればあそこまで行ける…そんな期待を抱かせて上司が部下に言うことを聞かせるのが、これまでの日本の社会であり会社だった。ところがそんなところに異種族の「女性」が入り込んできた。いや、もともといたのだが、これまではヒエラルキー（出世街道）から除外されていたから問題にならなかったのだ。ところがこの異種族は、これまで同族のあいだで最後の調整機能として働いていた才（能）ばかりか、色（気）まで兼ね備えている。これでは勝負あったも同然である。上司がオスである限り、同等の才能がある場合メスの優位は揺らがない。こうして男女共存社会ができつつあるのだ。

しかしここで重要なのは、「上司がオスである限り」という前提条件である。メスが上司だと、才能は前提として、今度はメスの色気よりオスの色気の方がポイントが高くなる。つまり才色兼備のオスのほうが有利になるのだ。
いまや社会はオスとメスの縄張り争いの場である。そこではこれまでの年齢と才（能）に加えて色（気）までが武器となる。オスだけ、メスだけの社会なら、年齢と才能だけで良かったのだ。オスメス共存の社会では、色気も昇進の重要な要素となる。かくして男性化粧品は、爆発的な売れ行きを見せるのである⁉

と、ここまではもっぱら生物学的（?）な説明を試みた。人は動物から進化したというダーウィンよりも、神が作ったというキリストを信じたい人のために、以下では心理学的な説明をしてみよう。

カリスマＯＬの増長

文面から察するに望美さんはもともと、貴久子さんと自分を〈同一視〉しているところがあったのかもしれない。これは彼女に限らずほとんどの女性社員が、程度の差こそあれ抱いていた感情であるように思われる。つまり貴久子さんは、男性優位社会における輝ける女性社員の象徴、流行の言葉で言えば「カリスマＯＬ」だったのである。

この種の、集団の理想化を受けるタイプの人は、そうした役割期待を身にまとうことで〈自我肥大〉を起こしやすい。つまり増長しやすい。会社としても時代の要請を受け、「女性が活躍する職場」の印象を前面に打出す必要がある、という内部事情とあいまって、女性管理職の登用を決定したのかもしれないのだが（それが証拠に、次の人事に際しても会社側では女性の登用が打ち出され、貴久子さんが反対するという展開になっている）、貴久子さん自身は、自分の力だけで現在の地位を勝ち取ったと思い込んでいるフシがある。だから、会社の方針よりも自らの仕事のやりやすさを優先させて、新たな女性管理職の登用を拒否したのだろう。

通常、いわゆる苦労人は、後続の者には自分のような苦労を経験させまいと精一杯援助するか、逆にかつての苦労を再生産する側に回って後続の者をいじめるかのいずれかのかたちをとりやすい。後者はとくに〈攻撃者との同一化〉と呼ばれ、社会心理学では常識となっている考えかたである。「増長」と共に、貴久子さんの言動を支配している原理は、この〈攻撃者との同一化〉であると考えられる。彼女にとって、先例のなかった女性管理職の地位を獲得するまでの努力と苦労は、管理職となった今では「地位を獲得するために不可欠の努力と苦労」として合理化され、かつて自分の昇進を阻んだ男性管理職と自分を同一化することで（ひょっとするとそれ以上に「男性中心主義者」となって）、女性社員の昇進を阻《はば》んでいるのである。

―〝同一視〟の罠―

翻《ひるがえ》って、望美さんの怒りについても考察してみよう。彼女の怒りは、相手が他でもない貴久子さんであるからこそ爆発した、という側面がある。つまり、部分的にしろ〈理想化〉し〈同一視〉していた相手だったから、貴久子さんの行動は「理解できない」腹立たしいふるまいなのである。一歩冷静になって考えれば、貴久子さんが女性管理職の同僚を増やすことに手を貸すなどというのは、一方的な思い込みにすぎないことが容易に推測されるはずである。にもかかわらず望美さんがそんなふうに思い込んだのは、やはり知らず知らずのうちに〈投影同一視〉の罠にかかってしまっていたからだろう。

「そう説明されても、なんの解決にもならないじゃない！」って？　いやはや、ごめんなさい。あいにく心理学者が説明する心理学ってそんなもので、カウンセラーの出番はホントはここからである。

原因はさておき、望美さんはこの事態、どうハラにおさめていきますか？　ま、焦らずじっくり考えていきましょう…ってね。

高石浩一

――ふたりの先生の話しからすると、貴久子さんが後に続こうとする私たち女子社員の道を阻《はば》んだのは、人間性というものの本質からみれば自然なことのようで、なんだか、私が怒るのは筋違いという気がしてくる。

それでも私のなかには、なにかしら釈然としない思いが澱《おり》のようにたまっている。たしかに貴久子さんの立場にたってみれば、そうした気持ちがわからないではない。しかし……人間は、本音に忠実でさえあれば、何をしてもいいのかしら？　たとえ本音ではそうしたくても、グッと踏みとどまって、やせ我慢でも張るべきでは？　自分の行為を高いところから見る眼というのがあってもいいんじゃない？　その眼に恥じぬよう振る舞うのがオトナでしょうが！

そういえば以前、「イヴの総《すべ》て」っていうアメリカ映画をビデオで観たことがある。新人女優が憧れのベテラン女優に接近して、うまく取り入りながら主役の座を奪いとろうとする話。新人女優は主役の座を手に入れるけど、その瞬間、かつての自分と同じような新人女優が楽屋を訪れる、っていう何とも皮肉なエンディングだった。

貴久子さんはきっと、主役の座をぜったい奪われたくなかったのでしょう。でも私たちは、新人女優みたいな手練手管で彼女を追い抜こうなんて考えたわけではないの。そこのところを間違ってもらいたくない。

それに、もし私たちに追い抜かれたくないのなら、貴久子さんは仕事のうえで堂々と受けて立って「ふん、あんたらに負けるわたしじゃないわよ」って鼻で笑ってみせてほしい。そうしたら私たちは「やっぱりまだ勝負にならなかった。さすがは貴久子さんだ」と尊敬の念を新たにしつつ「今度こそ…」と頑張るのに。そうやって仕事も発展し、そのうち貴久子さんは惜しまれつつ定年を迎え、私たちの捧げる花束に囲まれてしずしずと退場する。残された私たちは、後輩の女子社員とのあいだで同じドラマを繰り返す…どう考えてもこれが正当な道ではないかしら。

貴久子さんは自分の思いに流されて、そんな正しい道を行き止まりにしてしまった。水の流れを止めたようなもの。堰《せ》きとめられた水の破壊的な力を、ずいぶん甘くみたものね。

…希望を閉ざされた私たち、ちょっとヤケになった私たちがどんなふうに動きはじめるか？　これは「明日のお楽しみ」ね！——

相談者　望美のつぶやき

✢
✢

●ケース7●ワーキングマザー・冬子の相談

指摘するだけなら放っておいて

五年前、軽い自閉的傾向の五歳の息子を連れて離婚しました。わたしが外に出て働くために、郷里から実母を呼び寄せ、ある下町の小さな借家に転居しました。

母が献身的に子どもの世話をしてくれるので、わたしは営業関係の職に就き必死で働くことができました。おかげでお客さまの信用も得ることができ、経済的には安定した生活を築くことができました。

ところが頼みの綱の母が、転んだとき骨折したのがきっかけで、あっというまに呆けてしまったのです。息子は小学五年生、思春期にさしかかり難しい年頃です。お友達とうまくコミュニケーションできないため、どうしても仲間はずれにされたり、いじめに遭ったりします。これまでは母がそのあたりの問題を一手に引き受け、子どもを支えてくれていたことに、改めて気づかされる毎日です。

わたしは、その息子と、いまではこちらが世話をしてあげなければならなくなった母親を抱え、正直なところヘトヘトになっています。わたしの仕事は定時に終わってまっすぐ帰宅できるようなものではありません。早朝に出かけたり、夜が更けてから帰宅することも避けられない仕事なのです。そのうえ、お客さまとお会いするわけですから、普段着のまま髪を振り乱してというわけにはまいりません。一歩、外に出ると、整った身だしなみと明るく爽やかな笑顔が要求されるのが当然なのです。

そんなわたしは、近所の人の目にはどう映っているのでしょうか…。寝巻きのままフラフラと外に出て歩きまわる老母。登校しぶりをして一日中テレビの音をさせている息子。そして、そんな家族を放ったまま自分だけばっちり化粧してきれいな服を着て朝から晩まで外出している、身勝手な女。…きっとそんなところだと思います。

息子と老母を守るためにも、わたしは仕事を頑張るしかありません。

なのに近所の主婦の方々の視線はわたしに冷たいのです。疲れて帰って来るわたしを近所の住人たちが待ちうけています。

『今日もずいぶん遅いお帰りね。いつも忙しいのね。お母さんが家にいないと子どもはほんとうに可哀想。今日も息子さんが…』『お宅のおばあちゃん、今日も線路の傍をフラフラ歩いてましたわよ。わたしが見つけて連れて帰ってあげたからよかったけれど…。もっと気をつけてあげてくださいね。』

「かわいそう」「見るに見かねて」と、親切そうな言葉が付いていますが、要はわたしに「もっと家族の世話をしっかりしろ！」と言っているわけです。そのたびにわたしは『いつも御迷惑をおかけしてすみません』とか『これからは気をつけます』とか謝っているのですが、だんだんキレそうになってきました。

あれこれ言う人は、気の毒な老人や子どものために社会正義を行なっているつもりかもしれません。地域社会の住民としての役割を果たしているつもりかもしれません。しかし、言われたわたしは、いったいどうすればいいのでしょうか。わたしが仕事を辞めて一日中、母と息子の世話をしていたら、いったい誰がお金を稼いでくれるのでしょう。自分たちが養ってくれるわけでもないのに、わたしに実行不可能な努力を強いるのはやめてほしい！　と叫びたくなります。

どんなに不充分な世話しかできなくても、息子と母はわたしにとってかけがえのない家族です。たとえ近所からみて「ふつうとはちょっと違う」「目ざわり」な面があったとしても、わたしたち三人はそれなりに肩を寄せあって生活しているのです。もし母や息子が可哀想だと思うことがあったら、その時その時に「小さな親切」を施《ほどこ》してくれたらいいではないですか。ほんとうに心の暖かい、思いやりのある方々は、なにも言わずにそうしてくださっているようです。母や息子のふとした言葉からそんな光景を思い浮かべることができたときには、わたしは涙が出るほどうれしくなります。そういう方は、わたしに向かってあれこれ指摘したりはなさいません。きっと見るに見かねて手を差し伸べてくださっているのでしょう。それがほんとうの「近所づきあい」だと感じつつ、わたしはいま、真剣に、この下町から引っ越すことを考えています。

ワーキングマザー　冬子・37歳

♡女性サイコロジストの分析♡
Feminical Psychologic-Study

―善意が生む悲劇―

日々の生活のなかでは他人の困難や苦しみなど、出来るだけ遠ざけておこう、と願う「都会人」が増えてきた。その一方で、たとえばテレビのワイドショーや週刊誌のゴシップ記事といった、日常から距離をおいたところでは、他人の不幸や事件について、かえって「わがことのように」熱心に関心を寄せ、意見を述べる。ところがそんな関心ある出来事であっても、いったん現実に自分との接点が生じてくると、なんとも扱いに困ることになる。とくに、求めに応じての人助けでなく、自分から援助しようという場面となると、なかなか難しい。助け合いの関係には、「善意」という名をもつ光と「支配」という力をもつ影とが交錯しているからである。

下町の出来事は、疑いもなく「善意」から始まったのであろう。そもそも、人を危険から守り、力を添えてともに解決を目指そうとする好意が、悪いわけはないはずだった。しかしこの「善行」が、必死に毎日を生き抜いている冬子さんのこころを深く傷つけてしまったことも、また事実なのである。ここに悲劇が発生した。

冬子さんは「あれこれ指摘されたこと」のつらさを怒りとともに訴えている。なにげない言葉がせっかくの助けを台無しにするという彼女の叫びは、援助関係の本質そのものに触れるものといえるだろう。

指摘するという行為には、当事者を「物をよくわかっている知恵ある者 vs 物を知らない未熟な者」という上下関係もしくは敵対構図のなかにとりこむ危険がある。ほんとうに意味のある指摘や助言は、単に自分の意見を押しつけたり知識を分け与えてやるだけのものではなく、お互いのなかで、ともに解決へ向けたエネルギーを活性化させるものでなくてはならない。援助行為を間にはさんで当事者たちが対立・分裂してしまうと「愚かで物を知らない未熟者」とされた側の人は力ずくでどんどん追い詰められてしまう。ちょうど形骸化してしまった教師‐生徒関係や医師‐患者関係のように。彼女が謝罪しなければならないとしたら、そのような支配関係を生み出してしまったものは、本当の援助活動であったとはいえないことになる。

努力による幸福論

ところで住人の指摘の真意は、冬子さんには「もっと家族の世話をしろ」という意味に聞こえるという。ここからも、彼女のこころの痛みが伝わってくる。いわく、「子どもは、とくに『問題』を抱えた子どもは、母親がそばにいて養育しなければ『健康』に成長していくはずがない」。いわく、「痴呆の症状のある老いた親が一人で歩いていたなら、それは、家族が気をつけていないからである」……。

人にはそれぞれの人生観がある、と誰しも知ってはいるが、こと親子関係にかかわる主題に関しては、それも自分に近いところで起こってくる場面については、「問題が発生するには原因がある」という確信にとても支配されやすい。あるいは「学校へは楽しく通い、卒業してからは職に就き、よき伴侶を見つけること。そして子どもをもうけ、幸せな両親として子どもを良く導くこと。老いた親には恩を返し、やがて自分たちも幸せな祖父母の時代を迎える。それがよいことである」と、ひとつの理想を描きがちである。そして、それが実現しないのは、何か「原因」があるのだ、と。

加えて、「健康でいるため、社会的に成功するため、人とうまく付き合っていくため、そして、ささやかではあるが確かな幸せに近づくために、人はまず努力をしなければならない」という「努力による幸福」論が、個人主義の都会においても、ひそかに〝絶対的ルール〟のように集団を覆っている。「努力」という原因があって、「幸福」という結果が生じる、といったこの努力主義は、好むと好まざるとにかかわらず人々に押し付けられてしまう。たしかに努力は必要だけれども、努力の多少とは関係なく、人は病気になることもあるし、思いがけない幸運に恵まれることもある。また、精一杯の努力を重ねても、子どもが問題を抱えたり、典型から外れた家族構図に至ることも、実際にはしばしば起こるわけである。しかし「ルール通りにいかないことも、また、とても自然なこと」という人生の側面を、できれば認めたくないのであろう。わたしたちは、なるべく、わたしたちの人生をコントロールしたいと願うものだから。

―女のこころに住む声―

『息子と老母を守るためにも、わたしは仕事を頑張るしかありません』との決意は、悲痛でさえある。冬子さん自身、苦境を乗り切るため自らに「努力」を課してきた「頑張る人」である。それは確かに成功していたのである。でも、おそらくそれゆえに、もう一人の彼女は、住人の言葉に触発されて、『不充分な世話しかできていない』という自分の声を聞くことになってしまった。彼女の視点はいまもなお「努力」に釘づけになっている。

そして住人に対する怒りの声の底から聞こえてくるのは、『わたしはもう、くたくたなの。仕事でも家でもプレッシャーをかけられて、とても苦しいの。もうこれ以上なにもできない』という、「わたし自身」が主語になり発している声かもしれない。

女性のこころには、たくさんの声が住んでいる。エネルギッシュに戦う女性、惜しみなく与える母、賢い娘、空虚な自分、犠牲を重ねつづける傷ついた人、守られることを求める女…。こころの内に響く声はどれもほんとうの声であり、解決を求めながらときに苦しみ、ときに調和する。そこで、このいろいろな声に耳を澄ますと、自分がほんとうに喋りたいことは何なのかが、わかるかもしれない。そして、自分に影響を及ぼしているものの本質に気づくことができるのではないだろうか。
もっとも大きな悲劇は、登場人物に「悪人」が一人もいない物語である。そこではすべての登場人物が、それぞれに、こころの痛みを引き受けなければならないことになる。

小坂和子

♠男性サイコロジストの分析♠
Masculinical Psychologic-Study

孤立無援

頼みの綱だった母がぼけてしまって、いままで意識しなくてすんでいた問題に、一挙に直面させられた。息子も母も守ってやらないといけないのだが、自分ひとりの力では難しい。

息子に学校での出来事を聞いたり、担任の先生と連絡をとって息子のことを相談したり、ということもほとんどできないでいる。ほんとうは母から目を離せない状態なのだが、そんなことは不可能。事故に遭わずにいるのが不思議なぐらいというのはわかっている。

わたしは必死に働いている。仕事には気持ちを切り替えて向かわねばならない。家族の心配を抱えているときでも、それを外には出せない。手を抜くことはできない。仕事を頑張ることが息子と母を守ることになる、と考えないとやっていけるものではない。

余裕のないなかギリギリで生きているのだ。まず必要なことは、お金を稼いで、生きていくことではないか。なにも言わずに、ただ、してくれればいいのに。「してあげた」などとは思われたくない。

心に自由を

近所の人のほうから考えてみよう。もうちょっと息子さんやお母さんのことを見てあげないと。家族のことから目をそむけて、仕事に逃げている。正しい方向をむいて努力してほしいものだ。大変なのはわかるし、だから、できることはお手伝いしてあげたいと思っている。同じ地域に困っている家族がいるというのは、心穏やかではないものだ。この近所にはほかに目立つ家族がないので、気にしないというほうが無理だ。隣近所は協調してやっていかなければならないと思う。おせっかいで、それでいてじつは冷たいのが「世間」である。

そうした世間をみんな気にして生きている。阿部謹也氏は日本の世間についてこう論じている。「世間からどう見られるかということをたえず気にかけ、世間に後ろ指をさされないように、日本人の大人はみんな戦々恐々としている」。世間から自立して生きるのは、ものすごく大変なことだ。日本人はいままでこのような相互監視システムでやってきたので、近所の家が少しでも変わったことをしていると、目を光らせる。

冬子さんは、八方ふさがりのように感じている。ここから抜け出る道はどこかにあるのだろうか。近所からの指摘や忠告をすべて拒否するには、世間の力を一切借りずに、世間から自立して生きていくしかない。世間から遊離して生きるということは、束縛も受けないかわり恩恵も受けないということである。だから、隣人からの助けを期待しているかぎり、世間から自立できないということになる。

ただしかし、ひとつだけ道は残されている。外面的には世間に適応しながら、内面的には自由を保つという道である。つまり、身は監獄に囚われながらも心は一切の束縛を受けていない、というような境地である。たとえば、「どこに行っても同じ」ということが本当にわかると、そのような境地に達することができるかもしれない。

――そう、本当にそう。

＊　＊

私は疲れている。誰かに手助けしてほしくてたまらないのに、他人に頼るのが下手。昔からそうだった。他人に頼れないので、何でも自分ひとりで完璧にやりとげようと頑張ってきた。そういう点では「勝気でプライトが高い」と言われるが、他人から落ち度を指摘されるととても傷つく私は、本当は小心な性格なのかもしれない。

でも、いまさら、こういう性格を変えるのも難しい…。

母がこんなに早く呆けてしまって、私のお荷物になるとは思っていなかった。思えば昔から、肝腎なところでは頼りにならない母だった。だから私は早々に、自立的な子どもにならざるを得なかったのだ。

離婚して子どもを抱えて困っていたとき、母が助けてくれたのはうれしかった。でも母にはその力量がなかったのだろう。早々に呆けて責任を逃れてしまったようにも思える。

…こんなことを言っても仕方のないことだが。

障害のある子どもを残して去って行った夫も、結局、重荷から逃げたのだろう。みな、自分の力量をこえる重荷から逃げてゆくのだ。私は本当に要領が悪い。いつもひとりで重荷を背負って歩いていく立場になってしまう。

そんな私にとって、努力すればそれなりの成果が得られるこの仕事は、唯一の心の支え。仕事には仕事の苦労はあるけれど、私は仕事が好き。一日中、息子と母の面倒をみているよりは、外出着に着替え、鏡の前で化粧して出掛ける、その時間が好きなのだ。

でも、だからといって息子や母を放り出して逃げることもできないのは確か。もしそんなことをすれば、私の性格では、自責の念が高まって耐えられなくなるだろう。一体私はどうすればいいの…思わず涙がこみあげてきた。

泣くだけ泣いて自分の気持ちを整理してみると、ようやく現実的な道が見えてきた。

そう、いまの生活は私ひとりの手に余っているのだ。だから、合理的なかたちで援助をとりつけよう。近所の人の顔色をうかがうのではなく、役所や、学校や、ボランティア・グループなど、もう少し公的な場へ出向いてみることにしよう。必要以上に感情を込めなくてもすむような場を探そう。いまの我が家の現状を話して、いまの社会のなかで得られる援助を求めてみよう。

母にはまず介護認定を受けさせる。どう判定されるかわからないが、ヘルパー派遣の対象となるかもしれない。息子のことは学校や児童相談所へ相談して、できれば有償ボランティアの学生さんに訪問してもらいたい。家のなかに他人が入ってくるのが何となく嫌だったが、もうそんなことは言ってられない。割り切って、できるだけの援助を求める！

そして近所の人たちには、私は私なりに出来る限りのことをしていることをきちんと示していくしかない。

そういえば、知人がこんなことを言っていたのを思い出す。

「近所づきあいは、いろいろ煩わしいの。だからわたしは、近所の人とは御挨拶程度のお付き合いにして、少し離れた地域のボランティア・サークルに入って活動してるの。人づきあいの輪が広がって、楽しいわよ。」

そのときは何気なく聞き流していた言葉だけれど、いま、その人の気持ちが何となくわかるような気がする。いろいろな意味で、少し距離のある人に援助してもらうほうが、おたがいに楽で、長続きするのだろう。身内や近所というのは、距離がとりにくいだけに、サッパリとは割り切れないのだろう。…皮肉なことだが、これが現実かもしれない。

ふたりの先生方は、具体的な助言までは書いてくださらなかったが、私が自分で考えるヒントを下さったようだ。——

相談者　冬子のつぶやき

●ケース8●女子大生・未知留の相談

誉められるのは災難?

わたしは女子大の三回生。ある教授のゼミに属しています。その先生は、はっきりいって講義もマンネリで面白味がなく、「単位さえもらえれば」といった、可もなく不可もなしの存在です。先生に対してこんなことを言うのは失礼かもしれませんが、まあこれが、皆の共通意見といってもよいかと思います。

わたしと同期のゼミ生は三人だけなので、おたがいに助けあい、仲良くやってきました。二対一に分かれていがみあうほど幼くもなく、三人で円満にやってゆくよう各々がバランスを大切にしていたといえます。誰も、その教授にとりたてて関心がなかったのも幸いだったのかもしれません。

ところが思わぬことからトラブルが持ち上がりました。

あるとき、わたしが発表した内容がたまたま教授の目にとまり、思いがけず絶賛されてしまったのです。先生は真面目な学者肌でもあり、他意はなかったのです。単にわたしの発表内容が気に入ったというそれだけのことでした。ただ、日頃から他人の気持ちなどにあまり思いのまわらぬ方なので、同じ年齢の女子学生が三人いるなかで一人を誉めたらどういうことになるかに、まったく無頓着だったところに問題がありました。

次の週から、ほかのゼミ生はその授業に出て来ても、しらけた態度をとるようになりました。それと同時に、心配したとおり、わたしは「仲間はずれ」にされてしまいました。いっしょに飲みに行く約束も旅行の計画もキャンセルされ、二人はこれ見よがしに、二人だけで楽しそうに出掛けて行くようになりました。

わたしにはサークルの友人やバイト先の友人もいますので、彼女たちから仲間はずれにされたからといって「不登校」になるほどではありません。でも、あの教授がもうすこし女子学生の心理に敏感で、彼女たちの前でわたしの発表を誉めたりしないでいてくれたら…と思わずにはいられません。

それにしても、彼女たちの反応はすこしオーバーなのではないかという気もするのです。

自分以外の誰かが目の前で誉められたら、たしかにおもしろくはありません。でも、べつに自分が損をするわけではないし、気にしなければすむことではないでしょうか？

わたしが彼女たちならきっと、気にしないふりをすることでプライドを保つだろうと思うのですが、なぜ彼女たちは、そこまで露骨に反応を示すのでしょうか？

これが、皆の憧れの的である教授とか、学生を巧妙に操作する先生とかというのなら話は別ですが、このゼミの教授は、ほんとうに地味で、なんの面白味もない存在なのです。もしこんなことさえなければ、わたしたち三人は先生のことなどあまり気にせず、自分たちの学生生活をそれなりに楽しんでいたにちがいありません。いったい何が、そんなに彼女たちの気にさわったのでしょうか…。

女子大学生　未知留・21歳

♡女性サイコロジストの分析♡
Feminical Psychologic-Study

―教授への無関心―

身近な女子大生たちに、この相談を提示してみた。

圧倒的な反応は、「嫉妬」「それにしても二人のとっている行動は、大学生にもなって未熟すぎる」「昔はよくあった」である。

あるいはこんな反応もあった。「きっとそれは、三人の関係が浅いものだったのだろう」

「発表をめぐって、なにか別の事情が隠されているのではないか。たとえば、一生懸命に勉強していたのだけれど、ほかの二人には、ぜんぜん準備していない振りをしていたとか。たとえば、ほかの理由で三人の仲は壊れる寸前だったとか」……そして「男どうしだったら、きっとこんなことはない」と締めくくられる。

そんな彼女たちの感想も手がかりにしつつ、この相談を考えてみたい。

「嫉妬」という言葉から真っ先に連想されるのは、恋愛にまつわる感情だろうが、今回の場合、いったいこの教授が男性なのか女性なのかも明らかでないので、正直なところ、恋愛あるいは擬似恋愛のテーマがありうるかについては考えにくい。

未知留さんとしては、自分だけが教授に評価されたことが契機であるとはっきり確信しているわけだから、教授の性別などに関してはなんら説明の必要を感じなかったのであろう。ただ、この情報の欠落は、彼女の言うように、ゼミ生共通の感覚でもある「無関心」の表われなのか、あるいは彼女自身の感性によるものなのかは、検討しなければならないかもしれない。偶然のなかに必然が隠れていることもある。

――織物を紡ぐように――

それはそうと、未知留さんの理解によれば、それまでの三人は仲良くやってきたという。

青年期あるいは思春期の人間関係では、ボーイフレンドの存在の有無にかかわらず、同性・同年齢集団が、こころの成長のためにとても重要な意味をもつ。

多くは中高生時代に相当するこの時期、女の子たちはいつも一緒に行動する。とりとめのない話題に時間が経つのを忘れ、同じメンバーで昼食をとり、誘い合ってトイレに行く。このグループの底に流れる雰囲気は「共感し合うこと」であり、その集団に所属しつづけるためには上手にあいづちを打つこと、つまりは「同じ感じかたができること」が絶対条件となる。

この組織がどんどん拡大するということはなく、ちょうど、点と点のあいだに糸を張り巡らせて美しい布や織物を紡ぐように、むしろ相互の関係のバランスをとりつつ全体を編み上げていくことを志向する（考えてみると、古来、糸紡ぎや針仕事は、女性のイニシエーションの過程に密接に関わるものでもあった）。ということは、あまりに異質の糸が混ざることは、思いがけなく奇抜な織物（集団）ができあがるかもしれないが、失敗すると一切が損なわれてしまう危険もある。

このような集団の特徴は、大人の女性たちが生活の知恵を分かち合い、ときには問題を抱えた仲間を支え合うための場所、かつての「井戸端会議」や今日の母親たちの集う「公園」の世界とたいへんよく似ている。つまり、少女時代のように連れ立って一つの行動を共有することこそ無くなっているが、同じ経験や同じ思いを共有していることを確かめながら、日々の困難を乗り越えようとしていく方法は、形を変えながらも、このように、女性のライフサイクルのなかに繰り返し登場してくるのである。

男性集団であれば、集団のなかでの自分のあるべき位置を確認しつつ、秩序を重んじ、集団そのものに力を蓄え、組織の拡大を目指す行動を志向するといわれる。それは、いわゆる「男性社会」においては、洗練された組織体であることに美的価値があり、各メンバーは、みずからの所属集団が強大であることに誇りとこだわりをもつようになるからであろう。そのような彼らにとって最も不愉快なのは「プライドを傷つけられる」ことであり、おたがいのプライドを大切にすることが構成員であるための絶対条件となる。

そして、男女の別はともかく、人がそのような同性集団から出立するときには、必ずといってよいほど「裏切り者」の葛藤が生じる。

個性が明らかになるとき

未知留さんがグループから離れることになったのは、彼女自身の意志ではなかった。「先生がわたしを絶賛しなければ…先生のことなどあまり気にせず三人でそれなりに楽しんでいただろう」という。しかしこの前提は、三人がずっとこのまま同じわたしたちでいたら…という、かなり無理のある限定を意味する。人のほんとうの個性は、平和なときではなく、葛藤や紛争の状況を処理するところで明らかになってくるものだ。

こうなってみると、未知留さんとあとの二人とでは、問題への対応にずいぶん違いがあることがわかる。未知留さんの悩みに接したわたしの周りの女子大生たちが、そろって彼女の考えに納得したところからみても、未知留さんの言い分には充分な説得力がありそうだ。しかし、「なにかありそうだ」という彼女たちの推理は微妙である。未知留さんの言うことはよくわかるが、心になにかひっかかるものがあるというのである。女子大生たちは、未知留さんのなにに「ひっかかった」（これも糸の世界の言葉だが）のだろうか。

未知留さんの語り口は淡々としており、自分の気持ちを表現することに対して、つねに自制が効いている。教授を評価するときも、常に一定の距離をとったクールな風情だ。「失礼かもしれないが」「まあこれが…といってよいかと思う」というようにオブラードにくるんでいる。また、三人仲良くやっていたところに突然、仲間はずれという環境の激変が起こったにもかかわらず、取り乱したり思いをぶつけるのではなく、「ほかの友人もいるので不登校になるほどではない」と自分自身を振り返り、教授と二人の学生の人となりをじっと観察し分析してみせる。そして「わたしが彼女たちなら…気にしないふりをして…プライドを保ち…それなりに楽しむ」と洞察を重ねる。

―異質な糸が呼ぶ波紋―

現代の女子大学というところは、たしかに女性だけの集団ではあるが、昔ながらの良妻賢母を教育する場ではなく、また、妻・母・嫁・姑などの性役割を前提とする「井戸端会議」や「公園」の世界とも違う側面をもつ。もちろん大多数の学生は、やはり同質集団をつくっていく。けれども男子学生がいないために、すべての役割をこなすことが求められる環境にあり、少数ではあるが、「女性だから／男性だから」という性別による役割の違いや、自分が女性であるということに、とらわれなくなり、やがてその「とらわれていないこと」すら意識せず、集団への所属感が薄まった生活を送りはじめる学生がいる。

ひょっとすると未知留さんのこうした無邪気なまでの距離感が、教授の絶賛を引き出すほど独特な発表を生んだのかもしれないが、同時にそこから、彼女の「糸」が異質であることを周囲に示す事態を呼び、未知留さんとしてはなんとも思いがけない展開をもたらすことになったのではなかろうか。

小坂和子

♠男性サイコロジストの分析♠
Masculinical Psychologic-Study

─モノ扱い─

なんて失礼な！

「講義もマンネリで面白味がなく、わたしから見れば、単位さえもらえれば…といった、可もなし不可もなしの存在」「日頃から他人の気持ちなどにあまり思いのまわらぬ方」「ほんとうに地味で、なんの面白味もない存在」だって？　わっはっは。何て思い切りのいい言われようだこと！

と、こんなふうに思うのは、きっと私がこの教授と同じように、日頃、大学で女子学生たちと接しているからだろう。教授だって人間だ。プライドも家庭も、ひょっとしたら愛人さえ持っているかもしれないのだ！　こまっしゃくれた女子学生たちに、ほとんどモノ扱いにされて黙っている必要はない。立ち上がれ！　全国の救われぬ教授たちよ!!

というのは冗談で、いま悩んでいるのは、目の前の未知留さん。たまたま誉められたせいで仲間たちからシカトされている女子大生である。けっして、惨《みじ》めな教授のほうではないのだ。

こんなふうに書いてふと脳裏をよぎるのは、「ひとは、自分が扱われたように、他人を扱う」という、心理学的真理である。ひょっとするとこの教授は、女子大生たちをまるでモノのように扱っていたのかもしれない。そして女子大生たちもまたそれに呼応して、教授のことをテレビの画像かなにかのように無視していたのかもしれない。

双方がおたがいのことをモノ扱いしているかぎり、一応のバランスはとれていたといえよう。問題は急に教授が未知留さんを「人間扱い」したことに始まる。

単に目の前を通り過ぎていく、学問研究にはなんの興味も熱意もない、有象無象の風景のような学生たちの一人としてではなく、自分が長年浸っている学問領域に久しぶりに光明を与えてくれた、実体をもつ人間として、未知留さんは現れた。だから教授は、「思いがけず絶賛」してしまったのだろう。

つまり教授にとって未知留さんは、一種〈アニマ〉的存在として出現したのである。そしてそのとき女子大生たちが教授から嗅ぎ取ったのは、ひょっとすると外観からは想像もつかないような、学問研究に対する瑞々《みずみず》しい好奇心、若々しさだったのかもしれない。

―しゃぶりつくした骨―

ところで、ここで語られているのは実に微妙な感覚である。しゃぶり尽くしてしゃぶり尽くして、もう肉も残っていないような獲物の骨を、捨てたところへハイエナがわっと群がり、そのさまを見て急に骨を捨てるのが惜しくなったライオン。新しい彼女に入れあげているのに、もういいかげん気持ちも離れてしまっている昔の恋人が、どうやら最近、自分の友人と付き合いはじめたらしいと聞いて、急に電話を掛けてよりを戻そうとする男。ひょっとすると、コンパでとくに目を留めていなかった男の子が、仲間内の女の子と付合いはじめたと聞いて、なんだか損をしたような気分になる…っていう、あれかもしれない。

教授は、しゃぶり尽くされた骨であり、厭きた昔の恋人であり、誰にも相手にされなかった男の子かもしれない。

しかし、学問研究に対する情熱を垣間見せるか見せないかは別にしても、教授は少なくとも女子大生たちにとっては単位を出す「権威者」であることに間違いはない。権威者に気に入られるのは羨ましい。

「三人そろって可で、単位さえ取れれば良かったのに、ひょっとするとあの娘は優を取るかもしれない。なんて嫌みな娘だろう、一人だけぬけがけして…」。

あるいはヒントはこの言いかたにあるのかも知れない、「わたしが彼女たちならきっと、気にしないふりをすることでプライドを保つだろうと思うのです」。

冗談じゃないわよ、あんなオッサンに誉められたぐらいで、いったいなにを舞い上がってるの？　誉められなかったわたしたちのプライドが傷つくとでも思ってるの？　そんなあなたの勘違いが、いちばんムカつくところなのよ！　馬鹿にしないでくれるっ！

言わぬが花

このあたりの微妙なこころは、現代の心理学では語れないし、語る必要もないだろう。この種の微妙な優越感と、微妙な劣等感のせめぎあいは、人間関係の機微の最たる部分であり、わざわざ口に出して言わねばならない状況に陥れるほうが馬鹿にされる。つまり「言わぬが花」で「言わずもがな」の感情なのだ。黙ってシカトし、黙って思い知らせ、そしてほとぼりが冷めた頃に何となくよりが戻る…そんなプロセスを辿《たど》らねばならない事態なのだ。

しかしそんな事態も、時に誰かに相談したくなることもあるだろう。「この程度のコト、恥ずかしくて言えない」なんて思わないで欲しい。…の筈なんだけど、同じ境遇の教授の方に共感してしまう私って、修業が足らんなあ…。

高石浩一

――男の先生が私の書きかたに対してとても怒っていらっしゃるので、びっくりしてしまった。女の先生のほうはそれほど失礼だとは思っておられないようなのでホッとした…。

私は教授（念のため説明しておくと、六十歳ぐらいの男性）のことを悪く言うつもりも、貶《おとし》めるつもりも、ぜんぜんなかった。この話をよくわかってもらうために、「私たち三人が教授のお気に入りの座を争っているような感じでは、ぜんぜんないですよ」ということを伝えたかっただけ。

でも私って、自分ではよく気をつけているつもりなのに、思いがけず誰かを怒らせてしまうような宿命の星のもとに生まれてきたのかなあ…。この男先生が怒ったのも、ゼミ仲間が怒ったのも、もしかしたら私の何かがそうさせてしまったのかもしれない。私には悪気なんてないんだけど…。

ところで、女の先生がおっしゃる「異質の糸」という指摘にはハッとさせられた。そう言われてみると、私はずっと、異質の糸にならないよう、ならないように気をつけて生きてきたように思う。

中学生の頃、クラスの女の子たちのなかで異質になることは、その一年間、居場所を見つけられなくなることに等しい。私はそれまでに、転校生だったり、お父さんが芸術家だったり、帰国子女だったり、という本人には責任のないことで、どうにも雰囲気が違ってしまい「異質の糸」として浮いてしまった級友を何人か見てきた。だから私は、そうなるのがとても恐かったのだ。自分の糸の色など滲《にじ》み出さないよう、クラス全体の色調に合わせて保護色を塗りつける。そして自分自身でも、もとからその色だったと思い込んで安心する……。

私は一応うまく保護色をまとって集団に混じってきたと思う。それで本当に楽しかったかと問われると、よくわからないけれど、「普通であること」をとても大切にしてきたのは確か。「異質の糸」を振りかざして生きてゆけるほど、強い子じゃなかったから……。

べつに研究がしたくて大学へ入ったわけじゃない。いまではそれが普通のことで、「落ちこぼれない」ための生きかただから。この女子大に入ったのは、偏差値からみて適当なランクだと指導されたから。

入学した以上は、単位をとって、人並みに学生生活をエンジョイして、来年はリクルート・ファッションに身を包んで会社まわりをする。これからの女性は、男性と肩を並べて社会で走りつづけなければならないし、条件の悪くない結婚をするためにも、学歴は必要。それと、女として外見に磨きをかけることも怠ってはいけない。

それもこれも、現代の女性として普通であるため。「皆と同じように生きている」という安心感を失わないため。

でもほんとは、こんなこと、口に出しちゃいけない。「異質な糸」にならないためには、なにも考えてない風情で、涼しげに微笑んだり、時にはクチャクチャともつれあったり……そんなことが大切なのだ。

そういえば私たちは子どもの頃から、偏差値競走のマラソンランナーだった。結局、自分以外はみなライバル。でも、ひとりだけ前に出すぎたり遅れすぎたりするのも心細いから、なるべくみんなで団子になって、集団の真中にいたい。レースはレースだから、「お手々つないでゴールイン」というわけにはいかないのに……。

けれどもう、私はゼミ仲間と団子になって一緒に走るわけにはいかないみたい。「異質な糸」の正体は自分でもわからないけれど、それを自分らしさとして受け容れて、ひとりで走るランナーになるしかないのかなあ。

言っておくが、いまのところ私は、研究なんかに興味はない。昔の偉い人が考えたことをなぞって覚え込んだり、その上にほんの少し新しいことを付け加えるために、延々と頑張るなんてまっぴら！　そんなことは、それが本当に好きな人がやればいい。…でも、そうかといって私には、とくに就きたい仕事のイメージもない。特技もなければ、熱中するほどの趣味もない。そうかといって専業主婦にもなりたくない。

考えてみると、これは大変なことなんだ…いったい私は、どう生きたいんだろう？

ゼミ仲間に冷たくされた悩みなんかより、もっともっと重大な課題が私の前に横たわっているのかもしれない。とりあえず、ケーキでも食べてからゆっくり考えよう。——

相談者　未知留のつぶやき

●ケース9●アクセサリー作家・実樹子の相談

他人の花は許せない？

わたしは手作りアクセサリーのお店を経営しています。趣味で始めたアクセサリー作りが幸いにも好評で、最初のうちは展示会などでお分けしていたのですが、いつでもお客さまに作品を手にとって見ていただけるように、自宅の一部を改造して小さなお店をもったのです。

わたしは自宅の工房で作品づくりに励んでいます。お客さまが入って来られるたびに店に出るのは大変なので、パートの店員さんを募集しました。お店といっても、ひっきりなしに来客があるようなたぐいのものではありません。店員さんには座って本でも読んでいてもらえばよい、というような軽い気持ちでした。アクセサリーが好きな人なら楽しんで働いてもらえるのではないか、と思っていました。

何人かの応募者のなかから、わたしと同世代の四十代の主婦の方を選びました。「お金のためではなく、時間をもてあましているので…」というお話でしたので、こちらも気が楽だと思ったのです。アクセサリー作りにも興味があるとのことで、最初は、お友達どうしのように和やかに時間が流れてゆきました。わたしは店のことはその人（礼子さん）に任せ、心おきなく製作に没頭できると喜んでいたのです。

ところが数ケ月たつうちに、だんだん雲行きがあやしくなってきました。仕事に身が入っていないというか、小さなミスが目立つようになったのです。わたしはずっとふつうの主婦でしたので、他人に働いてもらったことなんてありません。どんなふうに注意すればよいのか戸惑いました。ストレートに指摘するのはよくないと思い、遠まわしに注意をうながしたり、黙ってわたしがやり直したりしていました。そうすれば彼女もきっと気がついて、これからはミスをしなくなるだろうと期待したのです。

でも、ぜんぜんダメでした。彼女は平気で小さなミスを繰り返します。そこで、たまりかねてはっきり注意したところ、なんと「待ってました！」とばかり反撃に転じてきたのです。勤めはじめてからいままでの、彼女に言わせればわたしの側の「落ち度」を、よくもそんな細かいことまで覚えていたものだ、と驚くほど克明に数えあげ、口汚くののしったのです。一見、上品な奥さまふうの彼女の口から次から次へと出てくる激しい文句に、わたしは圧倒され、呆然とするしかありませんでした。

彼女の言葉の端々《はしばし》からうかがえたことは、彼女にとっては、わたしが「アクセサリー作家」としてささやかにでも存在を認められていることが嫉ましくてたまらなかった、ということのようです。自分と比べてとりたてて取り柄があるでもないわたしが、自分の好きな道でプロの端くれになっているということが、許せないというわけです。でもわたしは彼女と競争したわけでも、ましてや彼女を蹴落としたわけでもありません。わたしはわたし、彼女は彼女の人生を歩んできたまでです。

『自分は客から「先生」「先生」なんて呼ばれていい気になって、わたしは単なるパートのおばさん扱いされて、どれだけ傷ついたか、わかりますか！』と怒鳴りつけられても、ただポカンと突っ立っているしかありませんでした…。

とにかくわたしは彼女に『これでは、おたがい円満にやっていけそうにありません。どうぞお辞めになってください』と言いました。これだけ言いたいことを言ったのですから、彼女もさっさと荷物をまとめ、ドアをバタンと叩き閉めて出て行くだろうと思いました。ところが彼女は、予想に反して、辞めるのはいやだと言うのです。

『ここを辞めても、次の仕事はすぐには見つかりません。弱い立場のパートの者を、そんなに一方的に辞めさせるなんて、あなたはそれでも人間ですか！』

こんな勝手な言いぐさがあるでしょうか。自分の都合で、対等以上の口をきいた舌の根も乾かぬうちに「弱い立場」を振りかざすなんて、いったい、この人の頭のなかはどうなっているのでしょうか…。

彼女に辞めてもらえないのなら、わたしはもう店を閉めて、また作品づくりだけに専念しようかと考えています。礼子さんはあれからも、平然とした態度で出勤しています。それにどう対応していいかわからない自分も情けなくて腹立たしいのですが、なによりも、わたしなりのイメージでつくった作品を見に来てくださるお客さまがたに、こんなピリピリした雰囲気の店では申し訳ない気がしてなりません。いったいわたしは、どうすればよいのでしょうか。

アクセサリー作家　実樹子・43歳

♡女性サイコロジストの分析♡
Feminical Psychologic-Study

―あいまいな関係―

まずは、実樹子さんと礼子さんの関係の始まりから検証してみよう。

実樹子さんは店を開くにあたり、座って本でも読んでいてくれてもいいから、という気持ちで礼子さんを雇い、礼子さんとしても、アクセサリーは好きだし、そもそも時間をもてあましているところだったからいいわよというノリで始めたようである。つまり、お互い好意的に関係が始まったと考えられる。これはいってみれば「同世代の女性どうし、気心が知れてやりやすいのでは？」といった曖昧な関係である。二人はお互い、相手に対して「この人とはこんなふうにやれるだろう」と期待し、自分の期待するイメージを相手に投げかけていた。

このように、雇用という契約を前提として関係を築くという意識が双方になかったことが、その後の厄介な問題を引き起こしているのかもしれない。お互いの思い込みから関わりだすと、やがてそれは時間の経過とともに崩れてくるものである。友達感覚から事が始まっているため、とくにこの実樹子さんは、自分の意思をどう伝えたらよいか戸惑う。そうしているうちに不満はどんどん大きくなり、だんだん苦しくなっていった。その結果、互いに相手の嫌なところしか見えなくなり、嫌いになって、ついに溜《た》まったエネルギーが爆発してしまったのだろう。

―羨望から妬《ねた》みへ―

人間はしばしば、相手の持っているものが羨ましくなり、相手が嫉ましくなることがある。とくに「もうすこし頑張れば手がとどきそうなのに、やっぱり簡単には得られない」という場合がそうである。そんなときは「すっぱい葡萄」の理屈で合理化して切り抜けたりするのだが、それもままならないと相当苦しむことになる。

この相談の場合も、礼子さんとしては、欲するものが得られないため「羨望」という感情が起こってきたのではないかと思う。彼女の主張はこうである。「この人とわたしは同世代なのに、わたしはただの主婦でしかない。彼女は趣味を生かしてアクセサリー作家として認められ、みんなに先生先生とちやほやされ、自宅ショップを持って自立できている。だけど、いったい彼女がどれだけ優れているっていうの。わたしだってアクセサリーは好きだったし、見たところ彼女と比べてたいして能力の差なんてない。たまたまうまくやっただけじゃないの。そんな人のために働くのって、なんだか惨《みじ》めで、気が乗らないなぁ。」「さんざん使っておいて、ちょっとのミスがあったとか、やりかたが気に入らないとかで、いきなりクビにしようとするなんて、勝手すぎるじゃないの。ここを辞めたらわたしは働く場がなくなるということを知っていて、そうするなんて冷たすぎる。」「恥を忍んでいまの気持ちを話したのに、わかってくれなかったわ。もう、意地でも辞めてやらないわよ。それでも辞めさせるというなら、この店の前で首を吊って死んでやるから！」……ここまでくると、そうとう妬みが深い。しょせん成功した人には、わたしの惨めな気持ちなんてわからないでしょう、と嘆き怒って止まない。

実樹子さんの戸惑い

かたや実樹子さんのほうはこうである。「そんなふうに被害者意識を振り回してわたしを悪者にするなんて、こんなくだらないことでエネルギーを消耗するなんて、勘弁してよ。あなたはまるでコンプレックスの塊みたいな人なのね。そんな人だと知っていたら用心するんだったわ。もっと若い人か、もっと年齢のいった人にすべきだったわ。」「でも甘えないでよ。あなたが奥さまとして優雅に暮らしていたとき、わたしは家族との葛藤に苦しみながら、経済的にも不足しがちななかで髪を振り乱して、このいまの基盤をつくる努力をしていたのよ。結果だけを見てわたしの生活を羨ましく思わないで。」「そんなあなたに、なんでわたしが御機嫌をとらなくちゃいけないの。あなたの悔しさは、わたしに向けるものではなくて、あなた自身に向けるべきものよ。わたしに慰めの言葉を期待するのは筋違い。濡れ落ち葉みたいにくっついてないで、離れてもらいたいわ。こんな人をどう扱ったらいいのかしら？」

未解決の葛藤

さて、それでは同年代の女性どうしが、それぞれの役まわりをうまくこなして、協力関係を続けていきながら、お互いに刺激しあって中年期を生きることは不可能なのだろうか。

なぜ礼子さんは、実樹子さんの実力を認め自分にないものを持っていることを、素直に尊敬できなかったのだろう。そうすれば、こんな対決にはならなかったはずである。彼女の妬みさえなければ、そこから学ぶことのできるプラス面は、これからの彼女の人生において大いに得るところがあったろう。そうできなかったのは何故だろうか。

考えられるとすれば、彼女のなかに未解決の姉妹の葛藤があったかもしれないということである。自分よりすばらしいものを持って見せびらかす嫌な姉や妹。いつも我慢していたわたし。もちろん背後には母子関係がある。あなたは役に立たない駄目な子ね、と自分を受け入れてくれないことへの怒り。…じつは実樹子さんが礼子さんにとって「こうなれたらいいな」という理想の人だったので、そのため彼女といるとコンプレックスを刺激されることになったのではなかろうか。自分のなかの、まだ解決されていない未発達の、本来は自分で抱えるべき問題が、ここで明らかになってしまったのかもしれない。

―ファイナルにしない関係―

ところで、礼子さんからさまざまなものを投げかけられた実樹子さんは、自分の心をどのように処理していけば収まりがつくだろうか。ここでの苦い経験を生かして、新しいパートナーを見つけ、その人と関係づくりをするということも一つの選択肢ではある。しかし、もしそうなら「どうやって礼子さんに出て行ってもらうか」というだけの問題なのだから、そもそも相談の手紙を出さなかったのではないだろうか。

礼子さんは感情を吐露したあと捨てセリフをはいて出て行くかと思ったら、出て行かない。このまま関係をファイナルにしてしまいたくないということでもあろう。きっと出会いの初期段階で、礼子さんから心のなかにある理想像や母親・姉妹との関係などを投げかけられた実樹子さんにも、その投影を引きうけてしまうような要因があったのだろう。

とにかく密月は過ぎた。お互いに対する「なんなんだぁ」という失望のみなら、ここで関係は終わることになる。しかしここで、二人の関係をこれからどうしていくか、新しい関係をどう始めるかを模索することにこそ意味があるのではなかろうか。

この事態となっても礼子さんをビジネスライクに切り捨てることができないということは、実樹子さんのなかにも「甘えたい、依存したい、世話してほしい、見捨てないでほしい」といった、礼子さん的な部分があるのだろう。ひょっとすると実樹子さんは、みずからのなかのそうした部分を切り捨てて生きてきた人かもしれない。だから礼子さんを切ることは、自分の深層部分との関わりをも切ってしまうことになるのである。

あるいは、「こんなにイライラしてしまうのは、わたしたちが裏／表正反対の性格だからだろう」というふうに相手を知ろうとすることによって、今度は自分自身を深めることもできる。繰り返される悪循環を断ち切って、自分の行動の癖がなんとなくでもわかるようになれば、それだけで儲けもの。関係の修復はまだ可能なのではないだろうか。

服部孝子

♠男性サイコロジストの分析♠
Masculinical Psychologic-Study

―やっと見つけた居場所―

平穏で順調にみえた日々の営みに、突如として闖入する者。こちらはただ茫然とするばかりで為す術もない。まったく予想もしていなかった方面からの攻撃ゆえに、まったくの無防備である。人生には、思いもかけないことが起こるものだ。

思い描いてきたささやかな夢。その夢の舞台への登場人物の一人として選んだパートの店員さんが、突如、恐ろしい闖入者に変身するとは…。これまでの人生には存在しなかった、異物としての礼子さんという人。この人物が登場したために、自分のささやかな幸せは、やりきれない重苦しさへと変貌した。平凡に見えていた登場人物が、その恐ろしい個性を顕わにして存在を主張しだしたのだ。まこと人生はままならない。

「譲れるところは譲って、わかってもらおう」と思って我慢もしたのに…。礼子さんにひどいことなど何もしていないのに…。彼女は「弱い立場」を切り札に、こちらの人間性まで非難してきた。すごく喧嘩慣れしているようにもみえて、こわい…。

こんどは立場をかえて礼子さんの側から見てみよう。

積もり積もった怒りをようやくぶつけたのだ、簡単に辞めるなんて考えられない。これから自分のやりたいようにできると思うと、やっと居場所が見つかったように感じる。この場を得るまでがなかなか大変だったのだ。

わたしはいつも本当の自分ではない役割を押しつけられる。この店でもいつのまにか「パートのおばさん」のように見られて、それがさも当然と思われてきた。あの人は先生気取りで、無神経なことこのうえない。まったく許しがたい。ずっと腹にすえかねて、心にためていた。失礼なことに、遠まわしにこちらに気づかせるような言いかたをしてくるので、いつかはっきりと言い返してやろうと、事があるたびにそれを心に刻んできたのだ。

闖入者の逆襲

なんということはない出会いであっても、それぞれが今までの人生を背負って出会っている。

実樹子さんにとっては青天の霹靂《へきれき》、死角から急襲を受けたように感じている。これはしかし、自分のしていることがこれまで無意識だったためでもある。

一方、礼子さんとしては、いまの「ピリピリした店」は必ずしも苦痛ではない。むしろ他の場所に比べれば居心地よいぐらいかもしれない。彼女はそれほど、周りとの不協和があたりまえであるようなありかたで、これまで生きてきたわけだ。彼女は自分が不当な扱いを受けていると感じ、「なんで、わたしばかりが見下されなければならないのか」と憤《いきどお》りを抱いてきた。自分の存在意義がまったく認められていないと感じてきた人だ。自分を尊重しようとしない世界に対する怒りがある。彼女は自分を変えようなどとは考えない。ただ、恨みを心に刻み込むだけだ。自分に対する不当な仕打ちを事細かに覚えていて、ひそかに復讐の機会をうかがっている。そのことに気づかない人にとっては、礼子さんの逆襲は青天の霹靂となるだろう。

実樹子さんは礼子さんの羨望に気づかなければならない。それはこちらが破壊されるほどの力をもっているものなので、自分と周りの幸せを守りたければ、少なくとも気がついている必要がある。「礼子さんのような人に、そこまで気をつかう必要はない」と思うのなら、そこには、礼子さんが「軽んじられた」と感じるのも頷ける要素が、ごく一部あるのではなかろうか。

ステージを広げる

実樹子さんの描いてきた夢は、まったく予想もしなかったかたちで台無しにされてしまった。このまま店を続けたとしても、実樹子さんとしては、何をしているかわからないことだろう。礼子さんは実樹子さんにとって強烈に異質な他者である。だからということで自分の人生の舞台から排除するのは可能かもしれない。しかしそのかわり、いずれまた別の強烈な他者が登場してくることは大いにありうる。「他者」の登場は人生を重層的に深くする。実樹子さんには苦痛なことは明白ではあるが、礼子さんも登場してくるような舞台に広げてみてはどうだろうか。もしそうなれば、礼子さんを登場人物に選んだのは、初めに考えていたような単なる偶然ではなかったのだ、ということになるのかもしれない。…人生に単なる偶然などありはしない、というふうに考えることは可能である。

河原省吾

✢✢

――ふたりのお話を読んで、いろいろ考えさせられた。私自身、あまり深く考えていなかったことがたくさんあると気づかされたように思う。

私が、良くも悪くも、礼子さんという個人にあまり関心を持っていなかったのは事実である。AさんでもBさんでもCさんでもよい、とにかく無難に店番をしてくれる人がほしかっただけである。そのためにお金を払い、丁寧に応対したのだから、相手に文句を言われる筋合はないと思い込んでいた。

いまでも本音では「それのどこが悪いの？」という気持ちがある。ただ、私の希望を実現するためには、もっと「割り切った」人を採用すべきだったのだ。「お金のためではなく、暇をもてあましているので」などという人は、絶対に選ぶべきではなかったのだ。

その点では私は、人間というものをよく知らなかったことの報いを受けたのだと思っている。煩わしさを避けるためにビジネスライクな関係を求めつつ、自分の側には、それに徹する姿勢ができていなかったのである。ほんとうは最初の面接時に「私は製作に専念する時間が欲しいので、お店番を任せられる方を探しています。人間関係を愉しむ時間のゆとりはない職場です」ということを明示しておくべきだったのだ。いまから後悔しても遅いのだが…。

もし礼子さんが辞めたら、次からはそうすることにしよう。仕事のやりかたについても、私の店なのだから、きちんとマニュアルを作って、それに従ってもらおうと思う。

もし礼子さんとの関係がますます泥沼化するようなら、いったんは店を閉めることもやむを得ないだろうが、とりあえずは彼女と折り合いをつけてやってみよう。彼女の内部にある私への嫉妬や羨望は、私がどう対応しても消失はしないだろう。刺激してはいけないが、気を遣いすぎるのも逆効果ということになろう。

礼子さんには、販売の責任者というかたちで、やりがいを感じてもらえる設定にしよう。帳簿や在庫のチェックは私がやることにして、製作とは違う販売という面で、彼女が独自の領域を開拓できるように、とりあえずはサポートしてゆこう。

もし彼女がお客様との応対に楽しみを見出せるようになれば、皆にとってこれほどラッキーなことはない。その面でのプロになってくれれば、緊張感をはらみつつも、私たちの共存共栄の道は拓《ひら》けるかもしれない。

でも、こんなことも単なる希望的観測かもしれない。そのときは、とりあえず店を閉めて、私は自分をゆっくり見つめ直すことになりそうだ。

とにかく、いろいろな解釈を知ることができて、ほんとうに有り難かった。自分ひとりでは混乱するばかりだったろうから。

それにしても、人間関係とは難しいものだ。――

相談者　実樹子のつぶやき

⚜

⚜

●ケース10●峰子の姉・京子の相談

セクハラも贔屓《ひいき》のうち？

二十六歳の妹、峰子が職場を辞めてしまいました。それ以来、人間不信になってしまい、部屋にこもったまま鬱々《うつうつ》とした毎日を過ごしています。再就職の気持ちもないのか、仕事探しもしていません。このままでは…と心配になり、両親とも相談のうえで、年齢の近い姉のわたしがじっくりと話を聴いてみました。

妹が仕事を辞めた直接の原因は、男性上司によるセクハラでした。ただ、妹にとってショックがもっと大きかったのは、そのときの同僚の女性社員たちの態度のほうだったと言います。

峰子は、姉であるわたしがこう言うのもなんですが、プロポーションがよく、顔だちもぱっと目立つタイプです。そのように外見は派手ですが、性格は生真面目・几帳面で、融通の利かないところもあります。その男性上司は、そんな峰子の外見に惹かれたらしく、峰子がその部署に異動したとたん毎日のように、夜の食事に誘ったり、身体に触ったり、個人的なことを根掘り葉掘り訊いたりするようになったそうです。

妹の性格からして、それは大変な苦痛だったようです。上司ですから露骨に拒絶するのも難しい面がありますが、妹は精一杯、毅然とした態度で、その男性の誘いを断りつづけてきたと言います。

峰子と同じ部署には、ほかに三人の女性社員がいました。彼女たちも多かれ少なかれ、その上司からセクハラに遭っていたらしく、陰では彼のことをさんざん悪く言っていたようです。そこに峰子が入って来たところ、彼の関心が妹に集中し、彼女たちは難を逃れることができたようです。

妹は当初、彼女たちの話を聞いて、「自分だけではなかった！　みんなで団結すればなんとかなる」と考えていました。自分にたいする執拗なセクハラを見て、皆がいっしょに声をあげてくれると思っていたのです。

ところが、その上司にたいして皆が不愉快に思っていることは確かなのに、彼があまりに峰子ばかりにターゲットを絞ったためか、皆の目がだんだん冷たくなってきました。先生に「ひいき」されている生徒にクラスメートが向ける、あの視線です。そうしてほしいと頼んだわけではないのに、先生に勝手に気に入られたため、クラスメートから浮いてしまって居場所がなくなるという、あの話です。

困り果てた峰子は、ひとりで組合に相談を持ちかけました。もう組合に頼るしかないと思ったからです。峰子の訴えは一応とりあげられ（といっても、組合もそう積極的ではなく、とりあえず事情を聞くという程度なのですが）、当の上司は社内に恥をさらすことになりました。彼は、峰子にたいしてカンカンに怒っています。彼女もそうなることは覚悟していました。

ところがなんと、三人の女性同僚までが『内輪のことを大袈裟に組合に訴えるなんて、どうかしてるんじゃない？』『彼はそんなつもりじゃなかったって言ってる。あなた、自意識過剰じゃないの？』『そんなに嫌なら、さっさと辞めればいいのに……巻き込まれたわたしたちこそいい迷惑だわ』と、口ぐちに峰子に当たり散らしたのだそうです。

妹にも、もしかしたら同僚に快く思われないような振る舞いがあったかもしれませんが、それにしても、これまで平穏無事に生きてきたわたしには、職場の女性どうしの人間関係の難しさがとうてい理解できず、何をどう考えたらいいのかわからなくなりました。こういう女性たちの気持ちを、わかりやすく説明してください。

峰子の姉　京子・28歳

♡ 女性サイコロジストの分析 ♡
Feminical Psychologic-Study

―セクハラの功罪―

女性性の確立という調査をしたときのこと、ある女子大生いわく、「自分が女であると意識したきっかけは、電車の中で痴漢にあったときだった」と。まるで痴漢と出遭うことも「怪我の功名」であるかのようなその回答に苦笑したものだが、似た話はそちこちにありそうだ。

これはある研究室での話。女性たちの隙を盗んでは体にタッチする少々手癖のわるい研究者がいた。痩せた学生も、肥った研究者も、こわい秘書も、ほとんどの女性が触られていることが程なく判明。しかし唯一、触られていない学生がいた。彼女は「どうして、わたしだけやられないのかしら?」と考え込む。そこで周りの女性たちが、ジーンズの似合う彼女をもっとフェミニンなイメージに変身させようと、一致協力して指南することになった。…このような「友情」に満ちた逸話もある。

つい先頃、どこかの知事が女子大生へのセクハラ行為で告発され退陣するに至ったが、元芸能人であったこともあって、ワイドショーなどでも色々な人がコメントしていた。知事と同年代かと思われる女優が『大きくなったじゃないかって、わたしの胸を触ったりする人だけど、まあオトコなんてみんなそんなものよ』と、そこのところを上手にあしらえず男に恥をかかせて大騒ぎするなんて機微がわからん困った女だ、と言わんばかりの発言をしていた。

その女優はついこのあいだまで同じ年代のある女を、選挙で学歴詐称したといって大騒ぎで告訴していたところなのに…。こちらの告発は具体的な成果をあげられなかったようだが、そこには、「いくら正当な理由を掲げていても、ほんとうの意図がそもそも、政治的問題というより、女どうしの仲たがいからのものじゃないか」と映ってしまうことが影響したように思われる。

それはさておいても、この女優にしてから、若い女性にセクハラした件の知事を、どうして弁護したくなるのだろう？　「わたしはちゃんと男をあしらえる。それも魅力のひとつよ」という自信なのだろうか。セクハラを騒ぐのは、男女の「裏のルール」を知らない子どもだから、ということにでもなるのだろうか。

魅力を計る方法

私がかつて心理療法を担当した二十五歳の女性を思い出す。彼女は日本人形のようなサラリとした黒髪が美しく「可愛く美しい」女性で、かつキャリアの仕事に就いていた。当然、彼女に思いを寄せる男はたくさんいる。しかし彼女は、すでに恋人のいる男や、妻のある男性にしか興味を示さなかった。つまり「ペアになっている男女の間に割って入って、その男性を自分のものにする」ということを繰り返していたわけである。すでに相手のいる男性を自分がどれだけ惹きつけられるか、が彼女の関心なのだ。ちなみにこの女性は、面接のなかで不倫の話をしながら、それを聞いているカウンセラーが自分に嫉妬していると思っていたという。

これら三つの話から推測すると、女性として魅力的かどうかは、男の視線をどれだけ引きつけるかが基準になっているらしい。けれど本当のところは、女どうしのなかでどれだけ自分が際立つことができるか、が関心事なのだ。

つまり、セクハラされるのは彼女に魅力があるからだという設定で、女たちにしてみれば「わたしたちは男を引きつけるだけの魅力がない」「あなた、こころのなかでは、モテないわたしたちに同情してるんじゃないの」という訳である。とすると「そんなあなたを、なんで助けてあげなきゃならないの」ともなろう。

好きと嫌いは合わせ鏡の関係で、嫌われるよりもっと寂しいのは関心を向けられなくなることだ、とはよくいわれる。セクハラを騒ぐほうが、男と女の「裏のルール」を知らないということにでもなるのだろう。

女たちはまるで「この世でいちばん美しく魅力的なのは誰ぁれ?」とばかり、白雪姫のお后の鏡役を男に引き受けさせているようだ。白雪姫、選ばれたのはよいが今度は、「せっかく選んでやったのに従わないなら」とペナルティが課せられる。男性から傷つけられ、女性どうしの反応にも傷つけられて、二重の傷つきを体験させられる。そして白雪姫には、どこにも居場所がなくなってしまう。

実際には「そんな男になんか好かれても、ありがた迷惑」といった場合でも、こうなってしまうのは、世の男性諸君が、女どうしの「どっちが魅力的？」競争の道具になっているからではなかろうか。世の女性諸君は、自分たちのなかに根強く残っている男性コンプレックスを解消して、人間として、もっと成熟する必要があるのではないか。

女であること

性やジェンダーに関わる問題について私たちはなぜか、あまり上手に語れない。また聞く立場にまわっても、他の話題に比べるとどうも、じっくりきちんと聞く作業ができていないようである。普段、悩み事相談をもちかけると待ってましたとばかり相談にのってくれる人でも、性やジェンダーの話になると、まともに向き合ってくれなかったり、オロオロされてしまったり逆に興味本位で聞かれたりして、話す気も失せたということはないだろうか。

性やジェンダーは、人生そのものに関わる重大事だが、一歩間違うと未熟な自己愛に支配されたまったく下世話なことがらになるようで、その扱いかたには、どうも困惑が付いてまわる。女性自身が「みずからが女としてある（ない）」ことついて自然な気持ちで語らい、同時に相手の尊厳と名誉をお互いに尊重しあえるような洗練された関係を模索していきたいものだ。そうなれば、今回の相談者の妹のような、女たちの「裏切り」に遭って情けない思いをすることもあるまい。

服部孝子

♠男性サイコロジストの分析♠

Masculinical Psychologic-Study

―なぜセクハラは起きたのか―

まこと残念なことだが、これもタイトル通り「セクハラも贔屓のうち」である。良い意味でも悪い意味でも、目立てば叩かれるのが日本の社会である。誰もが同じようにセクハラをされていれば…問題は生じない。いや、問題は生じるはずだが、少なくとも峰子さん一人がバッシングを受けることにはならなかっただろう。彼女一人がセクハラのターゲットになり、またそれを組合に告げるなどして結果的に周囲にアピールしてしまったことで、峰子さんは「自意識過剰」のレッテルを貼られてしまったのである。

この場合、三人の同僚の女性社員の心理をことさらに解説しても、事態は一向に解決に向かわないことは明白だろう。この種のバッシングは誰にでも起こることだし、また当然の事態であるだけに、こんな女性たちの気持ちを、わかりやすく解明することよりも、むしろ、今後どうしていけばよいのかを考えることのほうが重要である。

そしてそのための手掛かりとして、現在起こっている出来事の意味を改めて考えてみる必要があろう。要するに、なぜ（つまり何が原因で）起こったかではなく、何のために（つまり何を目的として）起こったのかを考えてみたいのである。

―相談内容の不自然さ―

ところで、事態を詳細に見て行くと、幾つか不自然なことが目にとまる。

職場でのセクハラを、なぜ峰子さんは、姉の京子さんなどの肉親ではなく、組合にまず相談したのか？

同僚たちは「巻き込まれたわたしたちこそいい迷惑」を被《こうむ》っているらしいが、それは具体的にどのような迷惑なのか？

本来（カウンセラーに）問い掛けるなら、「悩んでいる妹にどう対処すればよいのか」が問われるべきだと思われるのにも関わらず、京子さんが「こういう女性たちの気持ちをわかりやすく説明してください」と問うのは、なぜか？

こういった疑問が生じるのである。

峰子さんはプロポーションもよく、目立つタイプであるにもかかわらず、性格は生真面目・几帳面で、融通が利かないところもあるという。そんな彼女はセクハラに対し、毅然とした態度をとりつつ、周囲の同僚たちの援助を期待していたようである。ところが峰子さんの期待に周囲の目は冷たく、独りで組合に相談を持ち掛けることになってしまった。つまり彼女は身近に仲間を作ることができず、組合という公的な機関に解決を求めたのである。

文中に比喩が挙げられているのであえてそれに乗っかれば、先生に「ひいき」されている生徒が、職員会議で他の先生たちに『困っています！』と訴えたようなものである。まして峰子さんは、学級委員長にも擬せられるような、生真面目・几帳面で目立つタイプである。先生方に気に入られないはずはない。

こうした峰子さんのふるまいから考えると、ひょっとしたら彼女は思春期の前に身につけておかねばならなかった「同性のグループとうまくやる処世術」を学びそこねたのではないだろうか。

また、仕事を辞めて引きこもるところまで行ってはじめて家族に打ち明けた、という峰子さんの行動から見ると、この家庭は彼女にとって十分安全な基地としての役割を果たしていないのかもしれない、とも思う。

さらにもっともっとうがった見方をすれば、こんなに大変な事態になっているのに『こういう女性たちの気持ちを、わかりやすく説明して…』などとのん気なことを言っている京子さんだって、全く無関係とは言えないかもしれないのだ。

このようにして、上司や同僚のみを悪者にするのではなく、誰もが本来担うべき「問題」を冷たすぎるほどにクールに見つめていくとき、次に何をなすべきか、という実際的で具体的な方向性が見えてくることがある。

家族の問題を見つめて

今回の事態を通して見つめ直さねばならないのは、セクハラをする男性上司の存在と、それを助長するような女性集団のありかただけではない。

今回の事から、生真面目・几帳面で派手な外見をもつ峰子さんは、これまでのように孤高の人を貫く生き方ではなく、自分から集団に溶け込むという努力が必要だということが示唆されているのかもしれず、せめて家族ぐらいは味方についてもらえるように自らの弱点を打ち明けて相談できる関係を築くよう頑張らないといけないのかもしれない。

家族もまた、こうした峰子さんの悩みをきちんと正面から受け止め、周囲で気を揉んでハラハラするだけでなく、直接、面と向かって彼女の相談にのれるようになれば、この事態もあながち不運な出来事ばかりとはいえなくなるだろう。

京子さんはまた京子さんで、問題をはぐらかすことなく、峰子さんと自分とのあいだにある無意識的な緊張関係がないかを改めて考え直してみて、ほんとうの意味で妹を援助するにはどうすればよいかを正面から考えられるようになれば、これに勝る解決策はないかもしれない。

困った事態は、いつも未来を見すえるために起こっていると考える方が生産的なのだ。

けれども事態は必ずしもこんな風にうまくいくとは限らない。ひょっとしたら峰子さんは、相談してもなにも解決してくれない京子さんに怒り出すかもしれないし、京子さんのほうも、峰子さんに対する積年のコンプレックスを晴らすべく「ザマアミロ！」と妹をなじりはじめるかもしれない。両親はそんな姉妹を見て『あんたら二人とも親のスネばかりカジってないで出て行きなさい！』と騒ぎはじめるかもしれない。

いやはや現実は何でも起こりうるものである。望ましい未来を夢みたり、破壊的な展開を予測してみたりしながら、「結果的に、雨降って地固まれば…」などと能天気な希望を一生懸命抱いているのがカウンセラーの仕事かもしれない。

高石浩一

——妹の身の上に起きた不可解な現象の謎解きを期待したのに…私たち家族の問題へ矛先が向いてしまった。こんなのありかしら⁉

＊ ＊

嫌なセクハラも、ひとりが目立つ立場になると、同情どころかヤッカミが向けられるという話はよくわかった。「ゲンコツも外れれば腹が立つ」という諺《ことわざ》どおり。

妹は外見的には目立つタイプだけれど、それを活用して華やかな仕事に就きたいという性格ではない。それには、うちの父親の影響が大きいと思う。父はいわゆる堅物《かたぶつ》。論理と社会主義を振りかざし、抽象的・観念的な話の好きな、教師や公務員・団体職員といった人に時々あるタイプ。そのわりに家では、タテの物をヨコにもしない古いタイプで、母が我慢強くそれに合わせている。娘の私たちは、まじめな優等生であることを期待され、「知的で堅実で、社会の役に立つような仕事に就け」と言われてきた。学費を出すことが親の最終責任だ、成人式の着物や花嫁道具など一切アテにするな、というのが父の方針だった。

…まあ、そういう、志の高いような味気ないような、地味な家庭。

それでも私は長女だから母親と結びついて育ってきたと思うが、妹は「また女の子か」の父の一言で、女の子らしさには何の価値も置かれず、むしろ息子的な要素を期待されてきたようなところがあった。妹の外見と内面のアンバランスは、こんなところに原因があるのかもしれない。

こういう家庭なので、妹は家族に相談するより自力で何とかしようと、組合に相談した。それは、うちの父親の娘らしいやりかただと思う。

しかしこれは、そんなに間違った方法だったのかしら？　いまの時代、男と女の機微はともかく、「セクハラは御法度」というのが常識になりつつある。社会のルールとして定着しつつあるといってもいい。多少、生硬だったとはいえ、妹のやりかたは、勇気のあることとして評価されてもよいのでは？　皆がそんな勇気をもって対処すれば、セクハラは減っていくはず。…「男と女の機微」は、合意のうえ当事者どうしでやればいい。関係のない者を巻き込まず、ひっそりと勝手にやってほしいものだ。世の中には、そういうことが本当に嫌な人間もいるのだから！

妹が孤高の人をやめて周囲ともっと打ち解けるようになるのも、たしかに大切なことかもしれない。でも、それとセクハラの問題を一緒にするのはやめてほしい。——

相談者　京子のつぶやき

＊　＊

●ケース11●勝美の姉・悠子の相談

姉妹はライバルのはじまり

わたしは二十九歳。二つ年下の妹がいます。その下に二十一歳の弟もいますが、この弟とは仲のよいふつうのきょうだいです。問題は妹の勝美なのです。

わたしは長女で、両親や祖父母から可愛がられ、そのぶん大きな期待をかけられて育ってきました。一方妹は、「つぎは男の子」との願いに反して「また女の子か…」といった程度で、珍しさがないだけ、気楽に育てられてきたところがあります。でも勝美にしてみれば「自分は姉に比べていつも影が薄かった」と思っているようなのです。そのせいか、彼女がわたしに向ける対抗意識には、すさまじいものがありました。

たとえば誰かがわたしに話しかけたとします。わたしはのんびり屋なのでちょっと間が空くのですが、その合間に妹がサーッと割り込んでくるのです。彼女は気の利いたことを言って相手の関心を惹き、話題を自分のほうにもっていこうとします。それが上手くいくときもあれば、上手くいかず妙にその場から浮いてしまうときもありますが、そんなことでめげる勝美ではありません。学業成績はもとより、スポーツでも、友達の数でも、賞状のようなものの数でも、なにからなにまでわたしと張り合い、常にわたしの上をいかなければ気がすまないのです。

そういう妹をもっているだけで、わたしはほとほと疲れ果ててしまいます。

それでも、あの時まではまだ我慢ができていました。

わたしは勝美に、交際していた男性を横取りされたのです。わたしの持っているものはなんでも欲しがる妹でしたが、恋人ができたのは彼女のほうが早く、その点では、勝美はわたしに対してかなりの優越感を抱いていたはずです。それなのに……。

数年前、わたしにも結婚まで考える恋人ができ、家に遊びに来るようになりました。両親も彼のことを気に入り、夕食を共にすることも多くなりました。ところが、そのうち妹が、彼に急接近しはじめたのです。彼は勝美のことをあくまでも「恋人の妹、いずれ自分の義妹になる子」として、兄貴的な立場で対応していたようです。

それなのに勝美は、自分の恋人には飽きたのか、さっさと別れを決め、そのトラブルの相談を口実に、しきりにわたしの彼氏と外で会うようになっていきました。

とにかく、自分に特別の関心をもっているわけでない相手に、あざといまでに自分をアピールして関心を向けさせることにかけては、勝美にはそれこそ年期が入っています。そのためには「死ぬほどあなたのことを思っている」といった態度を見せるのもじつに平気なのです。わたしには、妹がそういう態度をとりはじめると、こちらが気恥ずかしくなるせいか、逆にしらーっとしてしまうところがあります。

彼にしてみれば、本命は姉のほうと思ってはいても、しだいに情にほだされ、プライドをくすぐられ、勝美と別れられなくなってしまったようです。

『なぜ、いつも大事なものを妹に盗られてしまうの！』と両親は歯がゆく思っています。でもわたしとしては、ショックはショックなのですが、そんな勝美の作戦にまんまとはまってしまう彼に失望する気持ちのほうが大きかったのです。「こんな見えすいた罠にはまるなんて」とがっかりしたのは、妹がけっして彼のことをほんとうに愛しているわけではないことを、わたしがいちばんよく知っていたからです。

勝美は、彼が「お姉ちゃんのもの」だったからこそ、どうしても奪い取りたかっただけなのです。

わたしは「婚約直前で妹に恋人を盗られた可哀想な女」というレッテルをべったり貼られ、会社にも通いづらくなりました。彼が同じ職場の人間だったから話はどこからともなく社内に拡がっていたのです。わたしは会社を辞めざるを得ませんでした。いまは友人を頼って別の土地へ移り、小さな職場に嘱託社員として勤めています。

一方、彼と妹は、婚約はしたものの、やっぱり勝美が彼に飽き、『お姉ちゃんのお古なんていらない』とのセリフを残して、さっさと、まったく別の相手と結婚してしまいました。

この一年はわたしにとって何だったのでしょうか…。恋人と職場を一挙に失い、親の期待を裏切り、世間の好奇と同情のまなざしにさらされ、いまではひっそりと身を隠すような毎日を送っているのです。

長女として生まれたのも、両親や祖父母から掌中の珠のように可愛がられたのも、わたしの責任ではなく、運命的なものです。妹の勝美がそれにたいして不満をもった気持ちもわからないわけではないのですが、それにしても、「ここまでやるか？」と啞然とするしかない思いでいます。わたしは一生、妹の目にとまらないよう、遠くの土地でひっそり暮らしてゆくしか、安全に生きる道はないのでしょうか……。

勝美に天罰が下らないのなら、わたし自身が一矢報いないと気がすみません。でもわたしには、その方法すら思いつかないのです。『仕返しに、その妹さんの夫を誘惑したら？』と友人はけしかけますが、そんなテレビドラマのようなことはできっこないわたしです。

勝美の姉　悠子・29歳

♡女性サイコロジストの分析♡
Feminical Psychologic-Study

―おとぎ話に見る姉と妹―

考えてみると、おとぎ話や古典の世界では、末娘は重要なヒロインである。

少年が英雄となるときは、明らかに類いまれな力が与えられるものだが、幼い少女は、一見とてもか弱く、だからこそ彼女には研ぎ澄まされた感性と直観力とが、それもまだ人には知られないかたちで与えられる。そして彼女は、その能力を現実の世界に開花させる過程で、次々と降りかかってくる多くの試練をこなさなければならない。

シェイクスピアの『リア王』では末娘コーディリア姫が、その機知と聡明さゆえに王から愛され、嫉妬した姉娘たちによって追放される。『鉢かつぎ姫』や『シンデレラ』では、妹姫は苦難のすえ「幸福な結婚」を手に入れ、意地悪な義姉たちを落胆させる。新約聖書では、イエスはある姉妹の家に立ち寄るのだが、イエスはそこで、もてなしのために立ち働く「姉」マルタを諌《いさ》め、話に聞き入る「妹」マリアのほうを評価する。興味深いことに、原文のギリシャ語ではこのマルタが姉か妹か明らかでないのに、日本語版では一九八七年までずっと「姉」と訳されていたのである。

また、古代ギリシャの物語に登場する美しき王女プシケーは、幸せを妬む姉たちにそそのかされ、夫アモールの姿を覗き見てしまい、かくて苦難の旅が始まる。このプシケー（Psyche）が女性の「こころ」「たましい」の象徴とされているのに比して、姉のほうはといえば、妹が「自分らしさ」を練り上げていくための触媒であるかのような扱いである。性格がわるいとか、能力がないとか、器量がわるいとかいう描写はともかく、妹の「破格の勝利」についての豊かな記述と比べると、姉たちの行く末には、「敗北」というだけで、姉の存在などそもそも関心が払われていないのではないかと思われるほどである。

一方で『若草物語』の長姉メグは、個性的な妹たちを見守る優しい女性。彼女は、妹たちの面倒をよく見る「小さいお母さん」の役割を担っており、これは姉に求められる典型のひとつである。しかしこれも、いわば依存する妹弟の存在を前提としてこそ生き生きと輝く個性である。もし彼女が、同様の家族的人間関係へ移行するのでなく、新たな自分を探そうとするなら、それは大変な仕事となるに違いない。

―危ういバランス―

悠子さんにとって、いまや妹は「邪悪な」存在となった。

皆に話しかけられる悠子さんは、家族のなかでなごやかに暮らしている。両親が彼を気に入り、また悠子さんのことを歯がゆくさえ思ってくれるという。両親と祖父母にかわいがられる存在だった彼女にとって、妹・勝美さんのように、気の利いた話題を提供し、闘争心を剝き出しにして「自分自身」をアピールすることは、あざとく感じられ、恥ずかしく、しらけてしまう。そして悠子さんは、ショックの果てに失望する。何が起こるかをよく知っており、ひっそりと身を隠す。

恋人を巡るこの競争劇の背後には、失敗にひるむことなく天性の感性に磨きをかけて自分から働きかける妹の勝美さんの能動性と、どこまでも受動的であって悲劇を一身に背負ってしまう姉の悠子さんとの対比を見ることができる。

ところが勝美さんにとってその獲得は、一瞬の勝利ではあっても、真の幸福ではなかった。ということは、一見して競合している姉妹だが、実は運命共同体のように密着したところがあり、トラブルのなかでお互いの役割を演じつつ、常にバランスをとらざるを得ない関係にあるのかもしれない。

―〝わたし自身〟の誕生―

こんなとき例えば精神分析家ならば、この繰り返される「悲劇」に対して、妹・勝美さんのこころのなかの「姉への羨望」に焦点を当て、反復していく破壊行動について説明をしてくれるだろう。あるいは姉・悠子さんに『それは、あなたが無意識に仕向けていることではないだろうか』と冷静に解釈をなげかけるかもしれない。つまり、物語の末娘が特別席を手に入れたのと同じように、悠子さんは、このような事態をみすみす成立させることで、悲劇の主人公の席が与えられるのを心の底で望んでいたのではないか、と問うわけである。

しかし大切なのは、いまここにきて、ついに悠子さんが一矢報いることを思っている、という事実である。

力をつぎつぎに顕在化させていく妹姫を見つめていた、あの物語の姉たちの心中もきっと同様だったに違いない。物語の姉たちも、一転して「仕返し」という、彼女らにとってはまだまだ未熟な能動的行為に打って出たが、残念ながら、それは無残な結果に終わってしまう。

周囲に撒《ま》き散らすだけの「怒り」は単なる感情の暴発で終わるが、その怒りに向き合っていく体験は、みずからの困難な状況を根底から揺り動かす契機となる。

悠子さんの場合、今回もまた「けしかけ」という他者からの働きかけが発端ではあったが、それでも、「運命」や「神」の力を待つという究極的な受動性ともいうべき「天罰」を期待することをはっきり終わりにして、「わたし自身が何かしたい」という気持ちを表明している。この態度そのものが、「繰り返し」にピリオドを打つための仕事の開始を宣言しているのである。

かけがえのない誰かを失うことを強いられたとき、そして、その喪失をこころから悲しまなければならないとき、私たちのなかで「死」が起こる。そこで死んでいくのは、私たちがこれまで演じていた役割であり、過去の時であり、もはや存在していない未来である。

悠子さんは喪失と悲しみのなかに引き戻ってしまうのだろうか。それとも、「怒り」という深い体験をくぐって、「わたし自身」の誕生の旅を続けていくことができるのであろうか。

小坂和子

♠男性サイコロジストの分析♠
Masculinical Psychologic-Study

―やられっぱなし―

姉の悠子さんがそんなことは考えてもいないときにも、妹の勝美さんはつねにライバル意識むきだしで、正直いって辟易することも少なくなかった。悠子さんがぼんやりしているあいだに勝美さんがすばしこく割り込んでくるのは、いつものことだった。こちらはほんとうに何とも意識していないのに、いつでも妹の強い対抗意識を目の当たりにしてきた。

彼のことのときにも、妹のやりかたは見え見えなので、そんな態度にも白けるし、あっさり罠にはまってしまう彼にも失望した。だから、そんな彼にはもう未練は感じないのだが、周囲が私を見る目がすっかり変わってしまった。いままで自分がいた場所をすべて失ってしまった。

妹には何とか思い知らせたいものだが、そんな方法は考えつかない。勝美さんから身を隠しつづけるか、そうでなければ、またこれまでのように、彼女にやられっぱなしの生きかたに戻るか、そのどちらかしかないのだろうか。

勝美さんの気持ちを考えてみよう。

悠子さんには悪いことをしたと思っている。でも仕方なかったとも思う。姉の恋人とわかってはいたし、一線を越えてはいけないと自分に言い聞かせていたのだが、自分で抑えが効かなかった。

悠子さんがマイペースで着々と幸せを手にしているのを見るとムラムラと対抗意識が湧き起こってくるのは事実だ。姉が大事にしているもの、というだけでどうしても手に入れたくてたまらない。これまでにも悠子さんを怒らせてしまい、「しまった」と思うことは多かったし、彼女が悲しむ姿を見て「自分はなんということをしてしまったのだろう」と自己嫌悪を感じたりもした。

悠子さんが結婚を考えるようになり、恋人を家に連れてきて食事をしたりしているのを見ていると、自分も彼に甘えて親切にしてもらいたい、という気持ちが募ってきた。するとそれまで付き合ってきた自分の彼が、なんだか色褪せて感じられてしまい、別れてしまったのだ。

その相談をすると、悠子さんの恋人は真剣に話を聴いてくれた。とても頼り甲斐があり、すっかり慕いきってしまうようになった。「姉の結婚相手なのだから」と自分に言い聞かせていたが、そう意識するといっそう、切ない想いが募り、彼にすがってしまった。そうしてズルズルと関係を深めてしまった。

そのままでは愛されない

両親が激怒しているのはつらいし、悠子さんが世間に身の置きどころをなくしてしまったようで、申し訳ない気持ちでいっぱいだ。

姉に代わって婚約に漕ぎつけたときには、大変な困難を乗り越えて実現したことだっただけに、幸せな気分でいっぱいだったが、あとから考えると、そのときがいちばん充実していたように思える。

結婚の段取などを考えていくうちに、「姉の恋人だった人と結婚しても、ずっとその過去を背負っていかなければならず、幸せになれないのでは」という気がしてきた。そんな経緯のない新しい相手が現れたので、そちらに惹かれていき、結局その人と結婚することにした。

思えば、両親も祖父母も明らかに、自分より姉のほうを可愛がっていた。自分はいつも悠子さんの残りものやお下がりだった。自分は姉の上をいって、やっと互角に近づける。そうしなければ自分の存在価値はないようにさえ感じられる。悠子さんはそのままで愛されるのに、自分はものすごく頑張ってやっと彼女の何分の一か認められる、というぐらいの感じだ。「わたしなんか、必要な人間じゃないんだ」と感じたことすらあった。

欠乏感を満たすもの

勝美さんは、悠子さんが大切にしているものを見ると欲しくてたまらなくなる。じつは、そのもの自体は二の次なのであって、「姉の上をいく」ことこそが、彼女の存在を支えてくれ、生きている実感を与えてくれることなのである。だから、いったん姉との競争に勝ってしまうと、急速にその対象への興味を失ってしまう。

勝美さんを支配しているのは、欠乏感。人を惹きつける手管も、それが動機となっている。相手の自己愛をくすぐり、その懐に入り込む術を身につけている。だがこの欠乏感は満たされることがない。なぜなら、彼女が手に入れるものは、自分が本当に欲しいものではないからだ。

勝美さんが欲しいものは、絶対的な親の愛情である。親から認められたときに、自分の存在意義が感じられる。しかし結局、彼女は両親を敵にまわしてしまい、本当はいちばん求めていたものを失ってしまった。

この勝美さんが悠子さんを意識せずに生きていけるようになるには、「自分は自分」と思えることが必要だ。それにはまず、「べつに姉に勝たなくても、親から大切に思われている」と実感できることが重要ではないだろうか。それがないゆえに勝美さんは、勝ったように見えて、大切なものを失ってしまい、そのことによって彼女の欠乏感は決定的なものになってしまっただろうから。

河原省吾

⁂

——次女に生まれたがために、親の愛情や関心といった面で損をした、という妹の「根深い欠乏感」というのはよくわかる気がする。最近きょうだいの間での競争が激しくなってきている、とどこかで読んだけど、うちなんか、その典型だろうな。

勝美はハングリー精神とガッツのかたまりみたいな子だから、その力で世の中を強くたくましく渡っていけるはずなのに、どうして、親の愛情なんていうところにこだわっているのだろう。…親や祖父母の愛情をたっぷり注がれた私が何を言っても、妹にとっては「恵まれたお姉ちゃんのゼイタクな言い分」ということになってしまうだろうが。

そういったことは改めてよくわかったような気がする。

ただ、私の恋人を横取りしたときに、勝美が「申し訳ない」と感じていたとは、どうしても思えない。勝美にはそんな影はみじんもなかった。あの子の瞳に宿っていたのは、「やっとつかんだ決定的な勝利！」っていう、勝ち誇った光だけ。もし、悪いとはわかっていても自分の気持ちを抑えられなくて…という妹だったら、私たちは仲直りもできるかもしれないし、二人で一つの人生だと考えることもできるかもしれない。でもいまのところは、とてもそうは思えないのが正直なところ。勝美はいまでもまだ、自分が損をしてると感じているんじゃないかなあ。

こんな妹と張り合っていかないといけないのは、私には重荷。果敢に対抗できない私はやっぱり、ひ弱な人間なのかもしれない。自分のものを自分で護《まも》る気概すらない、受身でぼんやりした人間。この世の中では負け犬になるしかないのかも。…そういう自分に甘えている、と言われれば、まったくその通り。

でも私は、争いごとは嫌い。人間は何故、果てしなく競争しなければならないのだろう？私はなりふりかまわず奪い合ってまで、なにかを手に入れたいとは思えないんだから、なるべく争いは避けて、ひっそりと生きていくしかないと思う。

今回のことで私は、生まれて初めて家を離れ、両親の庇護もなく見知らぬ土地でひとりで生活を始めることになった。学生時代の友達の助けはあるけど、収入も少ないし、寂しくて、心細い毎日。でもこうなってみてやっと、私はひとりの個人になれたような気がする。親とか家とかいう枠を離れて、初めて自由になれたような感じ。

妹のことはさておき、私には親離れのチャンスが必要だったのかもしれない。世間的な幸せからは落ちこぼれてしまったかもしれないけど、私が私らしく生きるきっかけになったんじゃないかなあ。

それに、私が遠くに住んでるから、両親も否応なく、妹と、いずれ生まれるその子どもたちに関心を向けるようになるかもしれない。そうしたら勝美の欠乏感も少しは満たされて、みんなにとって平穏な日々が訪れるのかも…。

私は、人間として勝美を好きになることも、許すこともできないけど、そのことにあまりとらわれないで、自分の力で自分らしく生きられるように頑張ってみようと思っている。――

相談者　悠子のつぶやき

●ケース12●古参OL・智意子の相談

失敗から
なぜ
学ばないの？

わたしは、ある職場に勤めて二十余年…いわゆるお局さまの古参ＯＬです。その職場に、ほんとうに困った男性（27歳）がいます。見たところなかなか魅力的でセンスもいいのですが、やたらに気が多く、次つぎに恋人を取り替える青年です。

まあ、こういう男性はいつか人生で痛い目にあうものと長年の経験からわかっていますから、彼のことは、この際どうでもいいのです。

ただわたしが気になるのは、彼の魅力にとりつかれて引っ付いてしまう女性たちのほうなのです。とにかく、同じ職場に元恋人、前恋人、現恋人がそろっているばかりでなく、元々恋人、元々々恋人までいるのですから、いくらなんでも彼のアプローチに乗るわけはないと思うのですが、「えっ、あんなにしっかりした娘が！」と驚くような女子社員が、いつのまにか彼と深い仲になっていたりするのです。

そのうえ、新しく彼と交際を始めた女性は、必ずといってよいほど、前の彼女にたいして意地悪をするのです。ふつうは捨てられた前の彼女が、新しい彼女に意地悪をするものではないでしょうか…ここでは逆なのです。

彼と新しい彼女が、ただでさえ苦しんでいる前の彼女を心理的にいたぶっているところを、わたしは何度も目撃しました。それを見るたびに、なんとなくゾッとしたものです。「明日は我が身と思わないの？」とそっと問いかけたくもなったりもしました。

しかしそういう渦中の女性は、わたしのようなお局などには耳を貸そうともしません。それどころか「あんたなんか関係ない！」と言わんばかりの高慢な態度をちらつかせるのです。彼と付き合うようになるまでは、もっと節度と良識のある人だと思っていたのに…どこか性格まで変わってしまうのでしょうか。

彼という悪魔は、女性の内に眠る、本人すら気づかない醜い面を暴き出し、そしてそれを見たがゆえにその女性から去っていく、ということを繰り返しているのかもしれません。

とにかく、彼に誘い込まれて「わたしだけは特別の存在」と思い込み、そのあとで残酷なかたちで後輩に取って代わられた女性たちのこころの傷には、ずいぶん深いものがあります。すぐに別の相手を見つけて寿退社にまでもちこんだ逞《たくま》しい人もいますが、疲れ果てて病気になり、泣く泣く退社した人もおれば、手首を切って自殺を企てた人もいました。

そんな噂がすぐ拡がるのに、それを耳にしながら、またもや新しい犠牲者が出るのです。

以前わたしは、先輩の女性社員に彼のことを話したことがあります。皆で彼を諌《いさ》めることはできないものかと考えたからです。ところが年配の彼女たちは彼のことを、けっしてそんなに悪くは思っていないのです。それはまるで、息子の恋人が傷ついても決して我が子を悪く言わない母親のような感じでした。

彼は「困った息子、だけど可愛い我が子」という役どころで、そういう年配女性たちの懐にもちゃんと入り込んでいたのです。これは相談してもだめだ、とわたしは匙を投げました。

女性というものは、若くても年配であっても、彼のような「困った男性」の行動パターンを冷静に見ぬくことができないのでしょうか。女性がもうすこし冷静な眼をもてば、彼のような男性もそう好き放題な行動はとれないのではないかと思うのですが…。「どんなに甘い蜜を見せられても、そちらへ行けば泥沼にはまる」という先例を、しっかり目を開けて見すえてほしいものです。

そんなわたしに友人が言いました。

『あなたはたしかに冷静でしっかりと物事を見てる。だから泥沼には落ちないわ。でもねぇ、いつも冷静な傍観者でいるのも味気ないんじゃない？』。

そういう考えかたもあるのかと思いつつ、やっぱり釈然としないわたしです。

古参ＯＬ　智意子・39歳

♡ 女性サイコロジストの分析 ♡
Feminical Psychologic-Study

平成の光源氏

光源氏の周りの多くの女たちは、女どうしで争わない。乗り込んでいって、ののしったりしない。紫の上は、明石の君の生んだ娘を養女に受け入れる。あるいは若くして出家する。そのなかで六条御息所は「もののけ」として現れては、女の嫉妬を源氏に示す。いや正確にいうならば、源氏と関わる女性たちを苦しめるのである。源氏の正妻を殺し、夕顔を死に至らしめる。

まさに平安を舞台にした「捨てられた前の彼女が新しい彼女に意地悪をする」図式であろうか。あるいは、間接的な方法によって源氏を最も苦しませる復讐を遂げた、と考えることもできるかもしれない。

しかし平成のこの話では、新しい彼女のほうが高慢な態度と残酷な行動で意地悪をするのである。まるで彼女に「平安の悪魔」が乗り移ったかのように。そして、彼は傷つくことがないという。

もののけの正体

悪魔とは何だろうか…。

ユング派分析家の河合隼雄は、夕顔のところに六条御息所のもののけが現れたことを取り上げ、「現代的な観点から考える」として、「源氏と夕顔の無意識の動きが突発的に外に現れた」との解釈を示している。夕顔にはすでに、源氏の親友との間に娘がいた。かたや光源氏は、一夫多妻の平安貴族とはいえ、実に奔放に多くの女性と関係をもちつづけていた。

この二人のこころの深層に潜んでいた何かが「もののけ」の幻想体験を生み出している、と考えることができるという。良心の呵責、罪悪感、独占欲、自分もまた敗者となるかもしれない不安、周囲からの孤立感、空虚感…、こういった、こころの深層にうごめく、自分では認めたくないような巨大な「負のエネルギー」が、源氏に生霊を見せ、夕顔のこころの内は自身に向けて攻撃を続けさせ、ついには彼女のいのちを奪ってしまうほどのものとなったのかもしれない。

もしもこのエネルギーが外に流れ出したら、つまり平成の「彼」と「彼女」の深層の「もののけ」を、こころのなかで味わうのでなく、そのまま行動にうつしたならば、いったい何が始まるだろうか…。

源氏や夕顔には「もののけ」が六条御息所の生霊と見えた。平成の彼と彼女を漠然と脅かす「もののけ」はおそらく、前の彼女の姿にほかならず、二人は、その存在を攻撃することでしか自分自身を守ることができなくなってしまっているのではなかろうか。

しかも、平安の時代ならしきたりとして、当事者どうしが直接に対面することなどありえない。よってそれは祈禱や呪術というイメージ領域での対決となったのだろうが、如何せん、平成の世は高度情報化社会である。すべてのいきさつが眼前に繰り広げられ、生霊ではなく実体として当の女性がそこにいるとしたら、それは、傷つきやすくなった弱者がスケープゴートとなる悲劇が繰り返されることになってしまう。

自分のこころのなかに潜む「悪」ほど恐ろしいものはない。

成熟への導き手

ところで、智意子さんはさらに問う、「なぜ彼は糾弾されることがなく、また、女性たちはそれとわかっていて彼に惹かれていくのか」と。

古来「多くの女性に囲まれる魅力的な男性」は、物語に欠くことのできない存在であった。ゼウスしかり、ドン・ファンしかり、そして光源氏しかり。彼らは「永遠なる理想女性」（おそらくは慈《いつく》しんでくれる母親、もしくは実体のない完全なる女性）を一途に追い求める。その接近への執着は、智意子さんが言及しているように、幼子が母を求めるようでもあり、懐のぬくもりにこっそり入り込むような密やかさである。それゆえに、それは泥沼かもしれない「甘い蜜」にほかならない。

女性にとって男性との出会いは、心理的には、強引に異界へ連れ去られるような体験である。家族との平和な世界から、甘い誘惑にそっと引かれて、ほんの少しこころを開いたその瞬間、連れ去られてしまう。

古事記ではアマテラスが天の岩戸から外界へ、ギリシャ神話ではペルセポネーが冥界へ、男神によって連れ去られ、その体験を通じて女性は成長していくという。「赤ずきんちゃん」にみられるように、誘惑に惹かれる側面と、女性の心身の成熟は切り離せない。

その意味では確かに、「冷静」でありつづけるということは、どこか、変容を拒絶する自分があるのかもしれない。なぜなら、成熟に至る通過儀礼（イニシエーション）では、例外なく、こころの変容には「傷つくこと」が付いてまわるからである。

ということでは彼もまた、女性にとって不可欠な「成熟への導き手」なのかもしれない。しかしそれは、彼のもとを去って行った女性たちが、やがてそれぞれの幸せを手に入れるならば、である。

神話はこころの背後に生きて力を与えているものかもしれないが、その筋書どおりに事が運ぶと約束されたものではない。ましてや、こころの背後ではなく日常場面で「神話もどき」の世界が繰り広げられる場合、そこに「変容を導く傷つき」ではなく、「悪循環に巻き込む破壊」が生じている危険性に目を向けなくてはならないだろう。

受動から能動へ

最後にヒントとして、日本最古の、もっとも女性たちに愛された男神を紹介しよう。

それは、傷ついた兎を助けた話で有名なオホクニヌシである。豊穣・生殖など生産機能の主でもある彼は、たいへんな美男子で、多くの土地の女神と結婚していく。それは彼の使命でもあったのだが、正妻のスセリヒメには、女神たちへの嫉妬が募る。そしてついに彼女は、彼への想いを込めた歌を直接オホクニヌシへ贈って、出立を思い留まらせる。その結果、二人は夫婦の固めの杯を酌み交わし、たがいに仲良く鎮座することとなった。古事記・日本書紀のなかで「適妻ムカヒメ（正妻）」と記されるのは、このスセリヒメが最初である。

受動の流れにありながら、機が熟したその瞬間、自分が向かうべき相手は誰かを見極め、そしてみずから能動へと転じて生きる。そんなありかたもまた、こころの深層に潜む力は与えてくれよう。

小坂和子

♠男性サイコロジストの分析♠
Masculinical Psychologic-Study

ミス・コンの優勝者

世の中には、こういう「困った男性」が確かにいる。

「君の夢を見たんだ…」と耳元で囁いて、まるで寝ても醒めても自分のことを思ってくれているような錯覚に相手を陥らせる。

「君に会うまでずいぶん回り道をしてしまった…」とこれまでの浮き名を逆手にとって相手を有頂天にさせる。そのくせ、けっして「君が最後だ」とは言わないものだから、ますます相手の焦りとしがみつきを掻き立てる。

その手練手管を暴いていけば、たちまちのうちに本の一冊や二冊は書けてしまいそうだが、ここはやはり、かの古典的名著に敬意を表することにしよう。

もちろん言わずもがなの源氏物語である。

こういう男性が光源氏と共通の要素を持っていることは間違いないし、その罠にかかってしまう女性たちもまた、ある種の必然性をもって彼の手練手管に甘い夢を見てしまう。

簡単にいえば、彼のような男性は女性にとってミス・コンの賞金みたいなところがあって、つまり彼とつきあうということはミス・コンで優勝したようなものなのである。優勝者はつねに、いままでの女王を凌ぐ魅力をもっている（と思っている）。

まえの女性と切れていないことを知っている新しい恋人（優勝者）は、それでも不安だから、彼の腕に抱かれつつ尋ねる、「どうして彼女でなくて、わたしなの？」。ここで光源氏は「まえの彼女には飽きたんだ」とか「彼女は見た目はきれいだけど性格がちょっと…」などとは、けっして言わない。

――「たしかに彼女は魅力的だ。でもあなたはもっと素晴らしい。」

自信のカケラ

かくして新たな優勝者は、自分の魅力がいまのところ一番だから彼を独占しているのだ、と安心して信じることができるのである。

ついでながら、新たなミス・コンの優勝者が前回や前々回のミス・コン優勝者に容赦がないのは当然だ。今回選ばれたのは彼女たちではなく、自分なのだから。そこには選ばれた者としての自信が備わっている。「あなたなんて、もはやお呼びじゃないのよ」…そこで彼と彼女が示す、まえの彼女への心理的いたぶりは、今回の優勝者への賞金であり、ミス・コンの優勝者が代替わりしたことのデモンストレーションである。

しかしなかには末摘姫みたいに、自他ともに認める魅力の乏しい女性もいるかもしれない。

そうした女性は、いくら光源氏に甘い言葉を囁かれても簡単に信じようとはしない。「そんなことを言って、あなたは、わたしの身体だけが目当てなんでしょう…？」この最後の「？」がポイントで、いかなる女性でも「ひょっとしたら、そうではないかもしれない」という思いは必ずもっている。すかさず光源氏はきりかえす、「きみには、きみ自身がまだ気づいていない魅力があるんだよ…」こんなふうに言われると、それも一度や二度でなく繰り返し言われると、劣等感の塊のような頑固な女性でも「ひょっとしたらほんとうに、わたしには、自分でも気づいていない魅力があるかもしれない」と思いはじめる。「だって、あれほどいろいろな女の人を経験してきた、ほかならぬ彼がそう断言するんだもの、ひょっとしたら信じていいのかもしれない…」。

そうして少しずつ、末摘姫もまた自信のカケラのようなものを拾い集め、やがて彼の術中にはまっていくのである。

―女の魅力を引き出す才能―

その意味では「彼という悪魔は、女性のうちに眠る、本人すら気づかない醜い面を暴き出し」ているというのは、あまりにも一面的な評価であることが判る。現に、光源氏に対する上記のような非難を真っ先に否定するのは、末摘姫のような女性である。「だってあの人は、私の中に埋もれていた魅力を発見してくれて、自信を与えて下さったのだもの…」つまり光源氏は、あらゆる女性から魅力を引き出し、自信をつけさせてくれる男性でもあるのだ。

だからこそ年配の女性たちも「彼のことを、けっしてそんなに悪くは思っていない」のである。なにしろ彼は、ひょっとしたら、自分たちがもっている熟女の魅力をも見出してくれないとは限らないのだから…。

さて、このままでは単なる「光源氏礼賛」に過ぎなくなってしまう。

多少心理学的にいうと、こうした男性はたしかに女性を「自らを賞賛してくれる相手」としてしか見ない〈自己愛人格障害〉の側面を備えている。

智意子さんの冷静な判断はたいてい正しい。彼は自分自身のために女性たちを虜にし、そうすることで自らの有能感を確かめようとしているし、そうしないと自分が無価値であるかのように感じてしまうほど、彼自身の自尊心は脆弱である。

万一彼がふられるような場合には、「あの女は俺の魅力に気づかない愚か者さ」と価値を切り下げたり、「なんて馬鹿な女なんだ!」と怒り出したり（自己愛的憤怒）することで、自分を守ろうとする。

懲罰のためにストーカーのようなことをしたり、極端な場合には殺人などを犯すことさえあるかもしれない。

ただし、彼のように一定の魅力を備えている場合には、次のターゲットがそうした自己愛的傷つきを癒してくれるので、極端化することは稀である。生育史的には光源氏がそうであるように、早期の母親体験の不足や理想化しきれない父親がいる場合が多いといわれている。

―浮き沈みあってこそ―

しかし問題は智意子さんが言うように、飽きもせず彼の罠にはまる女性たちの心理であろう。上記のように女性たちは彼に、思わぬところから宝石を見つけ出してくれるトリックスターの要素を感じている。けっしてそんなところには無いと思っていた自分自身のうちに、「魅力」だの「自信」だのといった宝石を見出してくれるのが彼である。

べつに彼自身にはそんなつもりはさらさらないのだが、その能力のおかげで彼は英雄になったりする。ときにはその能力を自覚的に用いることでホストになったり、カリスマ美容師になったりするかもしれない。間違えてカウンセラーになったりする者もいる。

要はそれで女性たちが救われれば、それに越したことはないのかも知れない。

恋愛はけっして暗黒面ばかりではない。この相談の終わりにある友人の忠告は、恋愛の暗黒面しか見ない智意子さんに、そのことを指摘してくれているともいえる。光源氏に捨てられれば、たしかに失意の淵に沈むかもしれないが、そのまえに、選ばれることで有頂天になることができたのである。浮き沈みがあってこその人生さ…と言えなくもない。

最後に一言つけ加えておかねばならないとすれば、女性の光源氏もいる、ということか。

高石浩一

――同じように源氏物語を引用しながらも、女の先生と男の先生とでニュアンスがかなり違うところが、実におもしろかった。

それにしてもこの男の先生は、こういう男女の心理にやたらと詳しいが、ひょっとして御本人も、光源氏の末裔のひとりだったり、なんかして…。だからか、どうもその手の男性に寛大で、女性たちの傷つきには楽観的すぎるような気がする。

でも「ミス・コンのトロフィー説」には思わず納得してしまった。そういえばギリシャ神話の最高位の女神様たちでさえ、どっちが美しいかを競い合い、トロイア戦争を引き起こす原因をつくってしまったのだから、人間の競争心というのは、ひとたび火がつくと理性では消せないものかもしれない。

女性は（もしかしたら男性も）誰でも、自分の内部に、本当は咲かせたい大きな花のツボミを抱いて生きているのかもしれない。たいていそれはツボミのまま終わってしまうのだけれど、誰かと出会ったときに、パッと花が開いたような気持ちになれるのかもしれない。

その快感に比べたら、地味な、理性的な判断など、枝葉のようなものなのだろう。

たとえ光源氏の末裔によって仕組まれた安っぽいドラマであったとしても、そこに咲かせた自分の花は、ひとつの可能性にほかならないということか…。その花を、本物の自分の花として根づかせることができれば、支払った代償がどんなに大きかろうと、恨みを残すこともない…?

けれど、私が目にしてきたかぎり、花はたいてい、はかない仇花《あだばな》だった。それが散ったあとには、無惨な残骸がのこるばかり。それなのに「散った仇花はあくまでも他人の花で、自分の花こそ本物」と思いたいのも人情か。

たとえ花が散ってしまっても、しっかりした枝葉が残れば、その木はまた生きつづけることができる。本来の根や幹がしっかりしていれば、花が散ってしまっても大丈夫なのかもしれない。逆に、根や幹が脆弱で、花のためにすべてのエネルギーを費やしてしまうと、可哀想なことに、その木は枯れてしまう。…そんな弱い木ほど、一度の花にすべてを注ぎ込んでしまう姿を、私は何度も見てきた。だからこそ、やりきれなくて、誰かに納得のゆく説明をしてほしかったのだ。

そういえば私は子どもの頃から、満開の桜には、ちょっと息苦しさを覚えるほうだった。

花の季節が過ぎて葉桜のころになると、華やかな衣裳を脱ぎ捨てた桜の木はようやく素顔に戻り、飾り気なく生きはじめる。なんら特別の木ではなく、普通の木になるその姿を見ると私は、なんとなくホッとして心楽しくなったものだ。

満開の桜より葉桜が好きという私は、やはり変わり者と言われるかもしれない。

しかし源氏物語にも、光源氏と一定の距離を保って、傷つくことなくそれなりの交流をもった槿（朝顔）という女性がいるではないか。彼女を、とても賢明でしっかりした女性とみるか、いささか味気ない女性とみるか、読者の好みは分かれるようだが、一人ぐらいそういう女性もいるというのは、私にとっては好ましいことだ。

私自身はこの槿の末裔を気取っておこうか。…筋書の見えすぎるドラマに夢中になれないのも自分のありようだと思うから。——

相談者　智意子のつぶやき

●ケース13●専業主婦・伸枝の相談

みんなの代表として頑張ったのに

わたしの住む団地で、児童公園の廃設問題が起こりました。このところ子どもの数がぐんと減ったこともあり、公園の土地を駐車場にするという案が上から押しつけられそうになったのです。

それはあんまりだ、ということで住民運動が盛り上がりました。わたしは三十八歳、一人息子はもう児童公園で遊ぶ年齢を過ぎていますが、公園はそのまま残してほしいと思いましたので、その運動に参加することにしたのです。

住民運動の中心になっていたのは、古くからこの団地に住み、子育てもすっかり終わって暇のある五十代から六十代の奥様方でした。彼女たちはふだんから町内会の世話役などをしてくださっていたのです。わたしは彼女たちに付いて交渉の場や集会などに顔を出す機会が多くなりました。

彼女たちが純粋な気持ちで住民運動を開始したのは確かです。ただ、交渉の場で理路整然と話をしたり、ビラを作ったりするのは苦手であり、そういう役目は自然にわたしにまわってくるようになりました。いつしか彼女たちは、なにかとわたしを頼りにするようになってきました。

『あなたは若いだけあって、しっかりしてるわ。わたしたちは言いたいことはあっても、人前に出ると頭がボーっとして、なにを喋ってるのか自分でもわからなくなるのよ。』『そうなのよ。相手の言うことをサッと理解してパッと反論するなんて、とてもできないわ。あとになって、ああ言えばよかった、こう言えばよかったって口惜しい思いをしてばかりなの。』『この際、あなたが代表になって、わたしたちの気持ちをバシッと代弁してちょうだい。わたしたちみんなで、あなたを応援するから！』

最初のうちはわたしも、そんな頼みを笑って辞退していました。自分は皆さんのお手伝いをしているほうがいいと伝えたのです。でもそれはまったく聞き入れられず、毎日のように『みんなのために、子どもたちのために、頑張って！』と言われて、とうとうその役目を引き受けることになってしまいました。しかし幸いなことに、小さな子どもを抱える若いお母様方が何人も、いっしょに頑張ると言ってくれました。

それからの何ケ月かはほんとうに大変でした。わたしはパートの仕事もやめて交渉の場に出たり、いろいろと調べ事のために役所関係を駆け回ったり、夜中までかかってビラを作ったりしました。そのために家族の食事の支度ができない日も何回もありました。

それでも努力の甲斐あって、児童公園の廃設は取り止めとなる見通しがついてきました。これはわたし自身が予想した以上の成果だったといえます。当然、あの奥様方もどんなにか喜んでくれるだろうと、わたしは信じて疑いませんでした。

ところが、ここで思いがけないことが起こりました。喜んでくれるはずの彼女たちの態度が、露骨に冷たくなったのです。そのうち、あちこちから『○○さんが、あなたが勝手に暴走して困ると言っていた』『××さんが、自分たちの気持ちと違う方向へ運動が進んでいくので困るとこぼしていた』といった話が私の耳に届けられるようになったのです。なにか誤解があるのかと、わたしは彼女たち一人ひとりをつかまえて問いかけてみましたが、何が気に入らないのか、はっきり言ってくれる人はいません。ただなんとなく、わたしを見る眼が冷たいことは確かでした。

いちばん当惑したのは、いわゆる団体交渉の場面。運動も大詰めに迫って、改めて皆に集まってもらい正式な団体交渉の場を設けたときのことです。

最初にわたしがこちらの要求を出し、次いで参加者一人ひとりが自分の意見を述べることになりました。ほかの参加者はわたしの出した案に添ったことを述べたのですが、彼女たちだけは『わたしたちは、この団地で子育てをしてきました…』という昔話から始まったのはよいのですが、『自分たちの思いは、代表者の意見とはまた違います』とか『代表者の意見といっても、それはそのひと個人の考えであって、わたしにはわたしなりの考えがあります』といった調子なのです。わたしは驚くというよりもハラハラしてしまいました。彼女たちに別の案があるわけはないのです。先方から『それでは、あなたの案は？』と問われると彼女たちは、しどろもどろになって、なんの別案もないことがわかってしまいました。

要するに彼女たちは、わたしが主導権を握ったように見えるのが許し難かったのでしょう。目的達成のために役目を押し付けておきながら、いざ、その目的がうまく達成されそうになるや、なんとなく嫉ましくなったのかもしれません。しかし、団体交渉の場でわたしの足を引っ張ったがために内部の足並みの不揃いにつけ込まれて、もし目的が達せられなくなってしまったら、いったいどうするつもりなのでしょう。彼女たちは、物事の軽重を天秤にかけるということをしないのでしょうか？

児童公園に寄せた彼女たちの思いは純粋であったと、いまでも思っています。でもそれは、ちょっとした妬み心でどうでもよくなってしまう程度のものだったのでしょうか。

専業主婦　伸枝・38歳

♡女性サイコロジストの分析♡
Feminical Psychologic-Study

―大成功のはずなのに―

今回の相談では「世代間の確執」が前面に出ているといえそうだ。仲枝さんはシニア予備軍世代と若い世代との中間にあって、微妙で難しい役まわりを引きうけることになってしまったわけである。児童公園は彼女たちにとって、そのむかし母親になってホヤホヤの頃に子どもと一緒にデビューした思い出の舞台であり、この公園の存続運動は、これからも代々そういう場として守っていきたいという共通の目的をもって始まった。参加者はおそらく、そろそろ初老を迎える世代、壮年期の世代、そして現在子育て真っ最中の世代といったところだろうか。

そのようななか仲枝さんは、初老期世代に導かれて運動に加わることになったが、重要な役どころを強引に任されてしまうことに。子育て中の若い世代も「この人となら、お姑さん世代でもないし一緒にやれるわ」と協力してくれるようになり、やがて彼女がコーディネーター役をとるようになった。そして若い世代を中心に運動が盛り上がってくる。

考えようによればシニア世代としては、意図せず理想的な流れとなり「しめしめ大成功」と、自分たちの老後の仲間づくりにでも精を出せばよさそうなものだが、彼女らはなぜか「おもしろくない」らしく、ジュニア世代に嫌がらせをして困らせる。

社会性の欠如

現在初老期の女性たちは、その後の世代に比べ往々にして、社会的・心理的に「夫に依存する」生きかたを選択してきた人が多いだろう。そのような生活のなかでは、社会性が磨かれず、みずからに対する自信も育ちにくい。そのことがコンプレックスになっている女性もいるだろう。一方、経済的な基盤をもち自立しているように見えても、内実そうでない人もいる。

こういった具合に、育ってきた時代背景から各々の年代の特徴をあげることはできようが、かたや、世代に関係なく個人個人の違いがあるのも自明のこと。そうしたわけでこそ、世代を超えて語りあい影響しあえる友人をもつこともできるのである。

そもそも、完全に自立してすべてに迷いなく正しく自己決定を下せる人間がいるだろうか。かりにいたとしても、そんな神様のような人より、自分が困難に遭ったとき他者に援助を求めることのできる人のほうが好ましかろう。

シニアのプライド

今回の事例も御多分にもれず、不幸にして、世代を超えた友人づくりがうまくいかなかったケースである。

若い世代は柔軟な思考力を駆使して、シニア世代が思っていたよりも遥かに上手に運動を推し進めはじめた。シニア世代は「若いのにしっかりしている。自分にはあんな能力はないなぁ」との思いをもったことだろう。そうなると次には「なんだか自分が情けない。でも、出る幕がないのは悔しいけど、歳甲斐もなくひがんでるなんて思われたくないし…。そう、きっと彼女たちも内心では、こんな私たちを馬鹿にしてるに違いない」と、年長者としてのプライドが傷ついてしまう。

こうした思いが敵意となって、大事な交渉の場面で衝動的に自己主張をしてしまったものと考えられる。腹立たしい、嫉ましい気持に支配され、自分たちのやっていることの意味を考える余裕がなかったのだろう。この時点では公園なんかどうでもよく「たいしたことをやれなかった自分たちが悔しい」「あの若いのに負けたくない、彼女の手柄になんかさせたくない」といった意地のほうが勝ってしまった。

このようにして、グループ内の世代間の対立という力動がはたらいてしまったのである。

一方、伸枝さんの本音はどうか。

まずは、親世代に近い年上の女に対する先入観と嫌悪があった。「オバサンたちったら、口ではいいこと言ってたけど、実務能力がないもんだから、上手に押しつけてきて、あげく何が気に入らないのか、裏で陰湿なことを言って歩くし…。ほんとうに、どう付き合ったらいいのかしら。あんな歳のとりかただけはしたくないわね」という気持ちである。

概して、自分からみてほとんど肯定的に評価できない相手と一緒に仕事をするのは苦痛なことである。

そこで、面倒だから「こちらはこちらで」という考えかたになってしまったのではなかろうか。そこには「一生懸命やって成果をあげたのに、足を引っ張るなんてとんでもない！」という怒りもあった。

総じて両者は我の張り合い、力と力のぶつかりあいになってしまったわけである。

―個性を認めて―

もうひとつ視点を変えて見てみよう。今回の場合、シニア世代は「情」から入っていった。そして最後まで「情」で押している。しかし実際こうした運動は「情」だけでは進められないものだ。そのことをじつはシニア世代は知っていた、が、どうしようもできなかったのかもしれない。そこで、情を「論理」に換えるのが難しくない若い世代が「論理」中心に事を進めたが、ついにシニア世代はついてゆけなくなってリタイアしてしまったとも考えられる。

人にも、情緒的な感性が優れた者と、論理的・分析的な思考を得意とする者があるが、それは個性の違いであって、けっして優劣をつける類いのものではない。その両者が対立するのではなく、互いに違いを個性として認め合って、自分に無い部分を取り入れ補完し統合していくことが望ましい。若い世代には、シニア世代の弱点を知ったうえで、「情」の部分をどのように生産的に運動へと組み込んで活かしていくか、という配慮がほしかった。シニア世代は脅かされていると感じていて、若い自分たちのほうが優位な立場にあったのだから。ひとの哀しみや傷つきが共感的に理解できるならば、他者に心を開くこともできるのではないだろうか。

とはいうものの、黒子になりながら肝心な役割を担っていくのは、やっぱりむずかしい…。

服部孝子

♠男性サイコロジストの分析♠
Masculimical Psychologic-Study

―運動の中心は誰?―

伸枝さんは、息子の遊んだ公園がいつまでも残っていてほしい、という素朴な願いから運動に加わった。その運動の中心だった奥様方が頼りにしてくるので、ついに代表の役目を引き受けることになってしまった。そこで伸枝さんは、引き受けた以上は出来る限りのことをしなければと思って、努力した。

それなのに、現実の成果を得たとたん、奥様方は冷たくなった。ほんとうに理解に苦しむことだ。とくに、団体交渉の場で足を引っ張るなど、とうてい理解できない行動に出るのを見て、彼女たちを不気味な集団とすら感じるようになった。

奥様方はどういう考えなのだろうか。

若い人が頑張ってくれるのが頼もしくて代表にまつりあげたのは間違いだったかもしれない。運動をここまで続けてきた中心は、あくまでも自分たちだったはずだ。なのに、成果をすっかりさらわれてしまった。自分たちのこれまでの努力が、皆から認められていないように感じる。

あの団体交渉の場では、もうここで言うしかないと感じて、自分たちの思いを皆に伝えたいと思ったのだが、うまくできなかった。「あなたの案は？」と問われても何も言えなかった。けれど、案がどうかというまえに、自分たちの思いをわかってもらいたかったのだ。伸枝さんにはそうしたことを、こちらから言わなくても気がついてほしい。言われなければわからないようでは、困る。

―あなどれない奥様方―

この奥様方は、事の軽重を冷静に天秤にかけるなどということがなかなか出来ない人たちである。場を仕切りたいのだが、いろんなことをうまく構成する力が乏しいので、『そうよねぇ』『すごかったわねぇ』『いやねぇ』『ほんとにねぇ』などと共感の言葉を繰り返すばかりで、ものごとを論理的に進めていくことができない。

奥様方は、味方についてくれれば強力な応援団となるが、いったん敵に回すと、これほど厄介なものはない。自分たちの「思い」を置き去りにした相手の足を引っ張って、それで本来の目的の達成を妨げ失敗させることになったとしても、いっさい省みないだろう。

奥様方は、自分たちの内輪と性格を異にする伸枝さんの力を借りておきながら、その成果については自分たちの基準からしかとらえられない。だから、たとえ運動が成功しても、自分たちが認められていないと感じている以上、彼女たちにとっては、その成果は何の意味ももたない。いやそれどころか、成果を横取りされたように感じているため、いまや運動の成功じたいにも腹が立っているかもしれない。

奥様方には、自分たちが見いだして引きたててやった人間が自分たちよりも有名になり、手柄を独り占めしているように感じられるのだ。

これまでは、日本社会で生きていくためには、このような妬みをいかに予防し、身をかわし、切り抜けるかということが重要であった。しかし近年になって、奥様方のほうが分が悪くなってきている。少なくとも公にはまったく通用しないし、公でなくても通用しにくくなってきている。

それでもまだ彼女たちは、あなどりがたい。

奥様方の顔を立てる方法は、昔から誰もがしてきたことで、自分はなるべく奥に退いていて『わたくしめなどには力不足で出来ません』という態度を貫く。それでも請われたら、極力、目立たないように働いて、成果は『みなさまのおかげです』と言うのである。——「そのような気遣いはつまらない」と感じる人が増えてきているので、いまでは奥様方が劣勢になりつつあるのだが。

河原省吾

✣ ✣

——「目的の達成よりも、そこにともなう情のほうが大事」というのは、言われてみれば何となくわかる気がする。きっと私が、そういうことに充分に配慮しきれなかったのがまずかったのだろう。

それでも私は私なりに、奥様方を立ててきたつもりだった。それが心底からのものではなく、「そうしないとウルサイから」という気持ちでしてきたのは確かだが……。

私が奥様方の頼みを断って、代表役を引き受けなければよかったのだろうか？　そうかもしれないが、それならそれで「なんて非協力的な人かしら」「こんなに頼んでるのに……」と、さんざん非難されたにちがいない。

運動に失敗して児童公園が取り壊されていたら、嫉みは受けなかったのだろうが、「あの人は期待はずれだった」「もっと頑張ってくれると思ったのに……」「途中で寝返ったんじゃないの」と、これまたさんざんな非難を浴びたことだろう。どちらに転んでも、私は悪口を言われる役まわりだったということか…。

自分たちが「情」をかけたものごとが、自分たちの手を離れて動いてゆくのは、たしかにオモシロクナイことかもしれない。それは理解できなくはない。けれど運動の過程でいちいち情を込めて「ああでもない、こうでもない」と奥様方に頼りに行けと言われても、それは無理というものだ。そんなことを本気でやっていては、前進するものも前進しなくなるではないか。

友人にこの話をグチったところ、

「そんな運動、本気でやるあんたが世間知らずよ。」

と言われてしまった。こういう場合は奥様方と調子を合わせて「ああでもない、こうでもない」と、情にからんだ話だけをしていればいいらしい。その友人はいつもそうして責任をもつ立場にはならないようにしているそうだ。今回の運動でも、私と同世代の人が表に出たがらなかったのは、そういう含みがあってのことだったのね。私はバカ正直だったのかもしれない。

結果的に、児童公園は残った。一緒に運動した若いお母さんと子供たちにとっては、頑張った甲斐はあったというものだ。そのことを、私は喜びとしようと自分に言いきかせている。

もし今後、同じような事態が生じたときは、私も友人と同じように、調子を合わせて「情」を共有するだけにして、なにも行動は起こさないでおこうか。でも、私の性格では、また貧乏クジを引いてしまいそうな気もする。そのときには、今回のことを教訓として、できるだけ「情」という虎の尻尾を踏まないように配慮することにしよう。

でも…やるべきことは、しっかりやりたいね。嫌われることを恐れているだけでは、世の中ちっともよくならないもの。――

相談者　仲枝のつぶやき

✢　✢

●ケース14●理系研究者・有理の相談

自分のなかにも認めたくない面が

わたしは自他ともに認める「サッパリしたマイペース人間」です。

あまり人間関係のごちゃごちゃしたことには興味がなく、ひたすら、物が相手の研究に没頭してきました。友人もそういうタイプの人間ばかりで、あまり煩わしい思いをしたこともありません。母親が『おまえはあっさりしすぎていて、女どうしの井戸端会議もできない、おもしろくない子』と嘆いていたほどです。母と姉が額を寄せあって延々と身内や知人の噂話に興じているのを見て、「いったいなにがおもしろくて…」とすぐに席を立ってしまうわたしでした。

もちろんわたしの周囲にも、女どうしの「足の引っ張りあい」とか「いがみあい」とかが、まったくなかったわけではありません。しかしそういうことなら男どうしの間にもありますし、男と女の間にもあることであり、「女どうしはむずかしい」などという眼で見たことはありませんでした。幸いなことにわたしはいつも渦の外にいた、ということかもしれません。

ところが先日、わたしは生まれて初めて、ほかの女性にたいして激しい嫉妬と羨望の念を抱いてしまったのです。

それはある学会の場でした。ある女性研究者の発表を聴いたとき、わたしは、やられた！　と思いました。それは、わたしが長年関心をもちつづけながらも実証的研究の俎上《そじょう》にのせることができなかったテーマを、みごとな発想の転換によって扱った画期的な発表だったのです。

仮にその発表者が男性であっても、ヤラレタという敗北感は同じだったと思います。でも、そのひと個人にたいする嫉妬や羨望の気持ちがこれほど強く深いことはなかったと思うのです。

気がつくとわたしは質疑応答のときに手を挙げて、発表内容の小さなアラを指摘していました。まるでそれがきわめて重要なことでもあるかのように…。そして、そんな自分が情けなくて嫌でした。なぜ率直に感嘆の言葉を口にできなかったのか……いつまでも後味のわるさを噛みしめています。

わたしだけではなく、これに似たようなことは誰にでもあるのかもしれません。

わたしがこれまでアッサリ、サッパリと生きてこられたのは単に、今回のようなほんとうに嫉妬や羨望をかきたてられる状況に出会っていなかっただけなのかもしれません。そんなことを考えると、自分というものがわからなくなってきました。

理系研究者　有理《あり》・36歳

♡女性サイコロジストの分析♡
Feminical Psychologic-Study

心にひそむ嫉妬

恋愛に嫉妬はつきもの、…その起源は人生の始まりの時にまでさかのぼる。

乳幼児が「お母さんを誰かに取られそうだ」と気づくとき、そこに初めて、妬みの気持ちがうごめく。嫉妬の対象は人に限らない。たとえば、子どもが部屋で静かに遊んでいて、お母さんが簡単な家事をしたり軽い読みものをしているくらいなら、なにも起きないものである。けれども、いざ彼女が本格的にひと仕事すませようと心に決めると、きまって子どもは邪魔をしに来る。このように幼い子どもだった頃は、大切な人にとっての優先第一位から滑り落ちる瞬間を、まるで超能力でも使っているかのように察知することができたのである。

その意味でも「嫉妬」は、男女を問わずこころの奥底に潜み、その人にとって最も必要な人間関係を引き戻そうとする、余りに強くて原始的な感情といってよいかもしれない。

有理さんにとってショックだったのは、学会の場で体験した敗北感そのものよりも、気がつくとアラ捜しをしていること、そして、本来の自分なら決してするはずのない理不尽な攻撃をしている自分に出会ってしまったことである。

嫉妬の気持ちは「憎悪」にかたちを変える。より優れよう、より幸福を、といった優越性を求めるのではなく、復讐したい、不幸になってほしい、という「攻撃」へと方向転換する。そのような情念の反転は反射的で、それこそ目にも留まらぬ早業で行なわれてしまう。

さらに有理さんのこころには、他人の動向に敏感な母や姉ならまだしも、物質と論理の世界に生きているはずのわたしが、なぜ？　といった感情も芽生えている。

―女神アテーナー―

ギリシャ神話に登場する「知恵の女神」アテーナー、あるいはローマではミネルヴァと呼ばれることの女神は、有理さんのような、論理的な世界を好む女性たちの特質をよく表わしている。アテーナーは、神々の長ゼウスを父とし、その頭から生まれてきたとされる。鎧《よろい》に身を包み、メドゥーサという、見つめたものを石にしてしまう怪物の頭を身につけており、戦いと家事の女神ともいわれる。

彼女たちはよく物事を考え、感情的な状況のさなかにあっても冷静で万事手ぬかりなく、戦略をもって対応できる。しかし、けっして男性を拒絶するわけではない。彼女は男性的な行動と権力の真只中にあることを好むけれども、エロティックな感情に支配されず、男性と仲間になる。さらに他人との関わりでは、「傷つけられない」こと、「ほどほどにつきあう」ことを心がける。そして、人生の歩みにおいては、母親よりもむしろ父親から多くの影響を受けており、母親がアテーナー型でないばあい、往々にして娘は母親を見下し、一方、母親は娘に「女らしくない」とあきれはてる。

整然とした人生

彼女たちは、ほかの多くの女性と違って感情に振り回されることがないため、思春期に問題を起こすことはめったにない。むしろ、男子生徒といっしょになって学校の活動に参加したり、計画を立てて勉強に熱中したり、あるいは家庭的な趣味に楽しみを覚えたりするので、学校社会の大人たちからの評判はよい。大きくなって社会に出ても、家庭をもっても、彼女たちは、てきぱきと効果的なシステムを作り上げて、その能力を最大限に発揮する。

しかし彼女たちには、本当の意味での親密な女友達がいないことが多い。それは、思春期の過ごしかたが他の少女たちとあまりに違ってしまったからかもしれない。ロマンティックな対象には惹かれない合理主義者の彼女たちにとって、女性どうしの、姉妹のような「友情の絆」は、大きな関心事にはなりえない。

つまり、整然とした人生を、結婚も含めて「社会的成功」とともに歩んでゆける彼女たちではあるが、自分の感情を味わうことを強いられたり、エロティックな魅力・情熱に振り回されたり、同性に対する親愛の情、深い絶望や苦悩の体験が欠けている。なぜなら、それらは他者との結びつきのなかに自分を没入させることでしか得られないからである。

鎧《よろい》のすきま

有理さんのばあい、これまでの知的な世界だけの自分を乗り越えて成長していくことを求め、あるいは、切り離された感情を取り戻す必要があることに気づきはじめたからこそ、人生の転機となる出会いが起きた。つまり、こころの鎧《よろい》に「すきま」が生まれたからこそ、感情が揺さぶられたのである。その契機が皮肉にも、有理さんにとって最も得意な「戦場」のはずの学会の場面だったことにも意味がある。発表者はどんな女性だったのだろう。これまで、「仲間」とも、ましてや「ライバル」とも見なしていなかった女性であったに違いない。きっと有理さんとは違うタイプの女性だろう。そうでなければ、有理さんは持ち前の明晰さであらかじめ理論武装して、起こりうる事態を読みきってしまったはずだから。

感情の洪水に見舞われたのは、矢継ぎ早の質問を受けた発表者ではなく、彼女自身であった。しかしそれは、自分を変え、自分を取り巻く人たちとの関係を生き生きとしたものにするためには、どうしても必要な「こころの傷つき」なのかもしれない。

小坂和子

♠男性サイコロジストの分析♠
Masculinical Psychologic-Study

―他の女と違うのよ―

アッサリ、サッパリ、マイペース…これはどこか魅力のある、羨ましさを醸《かも》し出す生きかたである。母と姉が噂話を語り合う姿を見て「いったいなにがおもしろくて…」とすぐに席を立ってしまうほどのサッパリぶりには、それが有理《あり》さんを支えている重要なポイントであるというプライドが垣間見えている。

『女性は噂話が好き、でもわたしはそんな女性の一人ではない。十把一からげにくくられる、どこにでもいる女たちとは一線を画した、人間関係に煩わされない女よ。性差別が隠然とある典型的な男性社会の学問の世界で、男性たちと伍して自らの地位を確保している女性研究者なのよ』…と、そんな声が行間から聞こえてきそうである。

出来事はそんなプライドが揺るがされたときに起こる。

死と再生

ここで事態は二重の要素をはらんでいる。一つは、自分がプライドを持っていた学問の世界で「ヤラレタという敗北感」を抱かされたこと、もう一つは、アッサリ、サッパリ生きてきたはずの自分が、まるで他の女性たちと同じように「嫉妬と羨望の念を抱」いて、あろうことか「発表内容の小さなアラ」を「まるでそれが極めて重要なことであるかのように」指摘するなどという、情けない振る舞いをしてしまったこと、である。

これまで生きてこられなかった自分の側面をユングは〈影〉と呼んだ。それが外の人に〈投影〉されるとき、「むしょうに腹の立つ相手」、「いやな奴」、「呪い殺したい輩」というふうに、非常に激しい憎しみの感情を伴う相手として意識されることがあるという。

理想的には、こうした相手は本来、自分が見なかった側面、生きなかった人生の処しかた、まだ意識的には欠けている人格の一部を代表しているのだから、それを意識化し、対決を通して自我に取り入れていくという作業を行なうべきであるらしい。ただそのためには、これまで一緒に（?）生きてきた（欠点はありながらも慣れ親しんだ）まとまりのある自我をいったん解体し、新たな要素を付け加えた自我をもう一度統合し直さなければならない。これは古い自我にとっては「死」にも匹敵する大変な作業であり、新しい自我が生まれるという意味では「再生」のための解体である。

こうした見かたから、「死と再生」が、「自己実現」のために不可欠な要素だと見なされるようになったのである。

ただし、誰もが必ず〈影〉と対決し、それを意識化して自我の「死と再生」を経験せねばならないのかというと、そうでもないだろうとも思う。影と対決したり、死と再生を体験したりするのはとっても大変である。できればそんなことはせずに済ませたい。「変わらないほうが平和でいい、行き詰まったから変わる、変わるということは必要悪だ、と考えておくほうがいいよ」と優しく諭してくれる精神科医もいるほどである。少なくとも「心理療法による人格改造を！」と声高に唱えるカウンセラーは信用しないほうが無難である。

さて、本文に戻ろう。

初めての負け

「ヤラレタ！」という思いが、上記のように二重の意味をもっているとして、ここで有理さんがそれを強烈に意識したのはなぜか、という問題に焦点づけてみたい。

「わたしがこれまでアッサリ、サッパリと生きてこられたのは単に、今回のようなほんとうに嫉妬や羨望をかきたてられる状況に出会っていなかっただけなのかもしれません」と彼女は述懐している。

これはすごいことで、学問において、周囲の人に先を越される体験をしたことがなかったなどというのは奇跡に近いできごとで、「自分が考えるようなことは、たいてい誰かが先に考えている」というのが我々の世界の常識である。それでもなお「本当に嫉妬や羨望をかきたてられたことがなかった」のであれば、これは彼女が自分の領域に並々ならぬ才能とプライドを持っている証しであるということが言えるのではないか。我々はどうでもいいことで負けても傷つかないが、自信を持っていることで負けると脆《もろ》いものである。例えば私など、お金がないことなど、屁とも思わないが、逃げ足の速さで負けると、もう世界の終りが来たように落ち込んでしまう。彼女にとってこの学問領域は、本当に大切な、彼女の自信を支える基盤だったのだろう。

もう一つ、「まるで他の女性たちと同じように、嫉妬と羨望の念を抱いた」自分に対する驚き。これは、初めて自分自身のなかにアッサリ、サッパリではない部分、いままで毛嫌いしていた「女性」の部分を意識させられたということではないかと考えられる。（もっともこの感情はむしろ「男性」が持つものだ！と主張する方々も多いかもしれない。私はこだわりませんので好きに読んで下さい。）

実際、いくらアッサリ、サッパリしていても、こだわりの気持ち、恨みつらみの気持ちを全く抱かずに生きることは男女をとわず不可能である。ほんとうはそんなものを感じつつも、それを充分に意識化することなしに（あるいは気づかないことにして）過ごしてきたかもしれないのだ。

アッサリとの決別

すると問題は、なぜ、いまになって初めて気づいたのか、という点である。

じつは「初めて気づく」には、それなりの準備が必要であることが多い。抑圧して抑圧して、塵《ちり》も積もって山となって、ついに無視できなくなったとき、初めて気づく。先の精神科医の言葉を借りれば「行き詰まった」から気づいたのである。

さあこうなると、必要悪の「自己実現」を目指すか、これまでの生きかたにこだわるか…。

しかし賢明な読者であればすでにお気づきだろう。「自己実現」を目指せばもはやアッサリ、サッパリではいられなくなり、他方、これまでの生きかたにこだわったとたん、アッサリ、サッパリではないのだということに…。

いやはやこんな罠だらけだなんて、人生は何て意地悪なんだろう…。

高石浩一

✣
✣

——私がみずからを「アッサリ・サッパリした人間」と自己規定したことが、なんとなく批判されているような気がするなあ。…「そう思い込んでいるのはウヌボレに過ぎなかった」ってこと？　私はべつに、そういう自分を誇らしく語ったつもりはないんだけど…。理系の研究者には、私みたいなタイプの女性、そんなに珍しくないと思う。文系の人ほどゴチャゴチャと持ってまわった考えかたをしないし、人間関係がそう得意でもない。他人の気持ちを推し量ったり行間を読んだりするのは、どちらかというと苦手だなあ。

研究で他の人に先を越されたとか、すごい発表を聴いたとかいうことは、当然、何度もある。そんなことはあたりまえ。もちろん羨ましかったり口惜しかったりはしたけど、それは、その人自身に対する感情ではなかった。今回はそこんとこが、ちょっと違ったただけ。

それはそうとこの文系心理学の先生たち、どうも、私のこと嫌ってるみたい。なんだか「アッサリ・サッパリでどこが悪いの！」って、開き直りたくなってきた。まるで、嫉妬を感じたことでやっと私が普通の女性のレベルに達した、とでも言われてるみたいで、なにかしら、むしょうに腹立たしい！

女性らしい人って、そんなにグチャグチャしてないと駄目なの？　合理的で、味気なくて、どこが悪いの？

私は、くだらない嫉妬とか羨望とかに惑わされたくない。そんなことより、論理と物質の世界で追求したいことがたくさんあるの。それに比べれば人間関係なんか、何千年も昔からちっとも変わらないじゃない。永久にグチャグチャやってなさいって！

私の内部にもそんな要素があったとしても、それをことさら気にすることもないな。「たまにはそういうこともあるさ」って、軽く考えよう。そんな嫌な面も含めて、なるべく、サッパリと生きてゆきたいもんだな。――

相談者　有理のつぶやき

⚜

⚜

おわりに

ここまでお読みくださった方には既におわかりいただけていることでしょうが、本書の十四の物語には、嫉妬・羨望・競争心といったテーマが潜んでいます。ただ、それを主題に物語を作ろうと意図したというより、日常生活のなかでよく目につく問題をとりあげてゆくと、どうしてもそうなってしまった、といったほうがよいかもしれません。

これらのテーマは、女性どうしだけではなく、およそ生きとし生けるものすべてにつきまとう、「こころの闇」の部分ではないでしょうか。「女性どうしのそれは実にささやかでチマチマしているけれど、男性どうしのそれは国や城を滅ぼすほどの激しさをもっている」「男と女の間にこそ深い溝がある」「女どうしだけを取り上げても仕方ないだろう」などと言う人も珍しくありません。また、人間以外のたとえばペットの犬や猫でも、飼い主の寵愛をめぐっていがみあうことがあるのも確かです。それらを充分に承知したうえで、本書ではあえて「女性どうしの問題」に的をしぼってみたわけです。

ひょっとするとこれらの問題は人間の〈本性〉に根ざしたものなのかもしれません。だから「どうしようもないこと」と諦める道もあるかと思います。しかし、「どうしようもない」と諦めてしまっては、この世はいつまでたっても住みよくならないのではないでしょうか。

本書にも源氏物語の例が出されていますが、平安時代と比べると現在は、自然科学の発展がめざましく、自動車・飛行機・エアコン・インターネットなど、当時なかったものが巷《ちまた》にあふれています。いまどき牛車に乗ってゆるゆると移動する人などいるはずもありません。ところが、源氏物語に描かれた人間のこころの物語は、いまでもまったく時代遅れになることなく、現代の読者の共感を呼んでいるではありませんか。これは、人間のこころは自然科学よりもはるかに発展しにくい、ということの皮肉な例証といってよいかもしれません。

この「変わりにくい」人間のこころを、どのようにすれば少しでも望ましい方向へ変化させることができるのでしょうか。——そのためにはまず、ひとりひとりが自分のこころの動きをしっかりと見つめ、理解することが第一歩となります。

しかし人間のこころのなかには、自分に見えている「部屋」のほかに、自分にも見えない「地下室」があるということを考えてみたことがおありでしょうか。

この見えない地下室の存在に気づき、それを重視したのが、かの有名なフロイトであり、ユングであったわけです。深層心理学というのは、人間のこころのなかに「無意識」という地下室があることを想定し、そこからものを考えようとする立場を総称する呼び名です。そして本書の筆者たちはみな、この深層心理学の立場にたっている者ばかりです。ですから、もしこの本に他の類書と異なる特徴があるとすれば、この「無意識」の動きを見つめるまなざしを中心にすえて作られているところではないかと考えています。

嫉妬も羨望も競争心も、じつのところ「無意識」の地下室から湧き上がってくるものです。だからこそ、自分の意思や理性でコントロールしようとしても、そう簡単には思い通りにならないのです。そこで、それらを少しでも建設的な方向に生かす力を身につけるために、私たちはまず、その「正体」を恐れることなくまっすぐに見ることから始めたいと思います。深層心理学はそのためにこそ役立つ〈知恵の杖《つえ》〉ではないかと、いえ、杖になるべきものではないかと、私は考えています。

二十一世紀を迎えたいま、昔ながらの嫉妬に押し流されたり羨望や競争心に振り回されたりすることに抵抗し、自分も他人も、より伸びやかに、傷つけあうことなく生きられる道を、日々の暮らしのなかで探そうではありませんか。――この本が、そのための一助となることを切に祈っています。

あとがき

本書が完成したいま、私は、十四のコントを演じて舞台を降りたばかりの「女優」はこんな感じではないか、と思うほど心地よい興奮の余波にひたっています。

この本を作りあげる作業は私にとって、とてもエキサイティングな、新しい発見の連続でした。日頃、心理臨床の場や日常生活のなかで切実に感じてきたテーマを、頭で考えて論じるのではなく、自分の全身全霊をあげて演じてみたのですから…どれだけリアルに演じられたかは別にして、その手応えは、なにものにもかえがたい重みをもって体験されたのです。

これはほんとうに、ひとりではできるはずのない仕事でした。私と一緒に舞台に上がり相手役をしっかりとつとめてくださった四人の仲間たちに、こころからの感謝を捧げたいと思います。お一人おひとりにこの舞台の感想をゆっくり聞いてみるのが、楽しみです。

そして、この舞台のプロデューサーとして私たち五人の出演者をしっかり支えてくださった編集者・津田敏之氏に、深甚の謝意を表したいと思います。海のものとも山のものともわからない私のアイディアに真剣に耳を傾けてくださり、あまりにも個性も仕事のテンポも違う五人のあいだを駆けまわって調整の労をとっていただいたことを、私たちは忘れないようにするつもりです。

また、女性のための書物を手がけられる清新な出版社「とびら社」から本書を発行していただくことを、とても幸運なことと喜んでおります。貴重なご示唆をいただいた堀江利香さま、本当にありがとうございました。

私自身は、またこのような舞台に立ってみたいと思っています。でも、四人の共演者もプロデューサーも「もう二度とやりたくない！」と言うかもしれません。あとは〈お客様〉である読者諸賢からどのような御感想をいただけるかに、すべてかかっているのです。どうか、率直な御意見や御感想をお聞かせください。

意味のある舞台は、登場人物と観客が一体となって作りあげられるといわれます。私たちのささやかな試みが、これから、人間にとってきわめて大切なこのテーマを皆で掘り下げてゆく一助になれば…と願いつつ、ペンを置くことにいたします。

二〇〇二年　新しい年の初めに

菅　佐和子

♡♤ サイコロジスト紹介 ♤♡

♤河原省吾（かわはら・しょうご）

1958年生まれ。京都産業大学、一般教育研究センター助教授。

今は、学生相談室の運営や小中学校教員のスーパーヴィジョンに関わっています。心理臨床を始めて以来いつも課題を抱えていますが、自分では今がいちばん悩んでいると感じます。今の大学に着任して3年がたちました。毎年新しい授業が増えることもあって、学期中には睡眠時間が3時間くらいになることもしばしばです。そのときに実践していることとの関わりでいつもテーマが広がってしまうので、今後はもっと絞っていきたいと思っています。

♡小坂和子（こさか・かずこ）

1960年生まれ。東洋英和女学院大学、人間科学部助教授。

東京タワーが空にそびえる通園路で。「ね、ユメってみたことある？」「うん、あるよ。どんなのみたの？」「あのね、ひみつ！」「あたしも、ひみつ！」。女子大のチャペルは、「結婚式をすると幸せになる」そうです。でも、伝説ができるにはあまりに新しすぎるはず…。お年を召したご婦人が、昼下がり、杖を脇において、校庭の大木を静かにスケッチしておられます。そこだけは、静かで、ゆっくりとした世界。女子一貫教育の学院で、女性に囲まれて暮らしていますが、日々のささやかなエピソードを集めることも、臨床家としての私の大事な楽しみです。

♤高石浩一（たかいし・こういち）

1959年生まれ。京都文教大学、人間学部教授。

大学では21世紀の新しいカルチャーのもとで生きている若者たちと、「これからの時代、本当に必要なカウンセリングって？」といったようなことを共に学び考えている。そして心理相談の場ではおもに「どうやって生きていくの？」という〝生き方〟の問題に取り組んでいる。また、最近の関心事としては「インターネットって、心理臨床に使える？」とか、「ナルシスティックって素敵な生き方じゃない？」といったあたりに興味を抱いている。

♡服部孝子（はっとり・たかこ）

1949年生まれ。人間環境大学、臨床心理相談室、非常勤カウンセラー。

心理臨床のスタートは、30歳で単科精神病院に勤めたときから。定年まで勤め上げようと思っていたのに、16年間で辞めてしまったのは、戦線離脱するみたいでちょっと残念だった。現在は、非常勤でおもに、小学校・中学校でカウンセラーをしている。学校は、こんなにも深刻な子どもたちをたくさん抱えていたのかと驚き、つい腰が引けてしまいそうになる。それにつけても今、子どもを守るために、地域のネットワークを作り、連携することが必要と感じている。

〈著者紹介〉

♡菅佐和子（すが・さわこ）

1949年生まれ。京都大学医療技術短期大学部教授。

「心理学は文学の隣村」と勝手に思い込んでこの道に入ったが、気がつけば「精神医学と川一本隔てた隣村」に住み着いて早や４分の１世紀。現在では、医療･保健、教育、地方行政などさまざまな現場を行き来して１週間が過ぎていく。将来は「猫の持つ不思議議な癒し効果」を研究したいのだが、今のところ３匹の猫（うちの大将、うちのお姫ちゃま、私の娘）と支えあって暮らしているだけである。

著書／『臨床心理学の世界』（共著、有斐閣）、『思春期のこころとからだ』（共編著、ミネルヴァ書房）、『思春期女性の心理療法』（著、創元社）など。


彼女がイジワルなのはなぜ？

2002年２月20日　初版第１刷発行
2002年４月20日　初版第２刷発行

著　者――菅佐和子編著　河原省吾・小坂和子・高石浩一・服部孝子共著
発行者――堀江　洪
発行所――有限会社とびら社
東京都大田区田園調布2-11-2　〒145-0071
03-3722-4721
発売所――株式会社新曜社
東京都千代田区神田神保町2-10 多田ビル　〒101-0051
03-3264-4973
印刷所――銀河
製本所――光明社

 ISBN 4-7885-0790-0

●とびら社の本●

アナ マリア クリスティーナの
アートヒーリングの世界
アナ マリア クリスティーナ 著
1500円（税別・発売 新曜社）

ダンサーとして地球を駆け巡りながら、哲学や心理学を取り入れて独自のアートヒーリングの世界を編み出しているクリスティーナ。水彩で描く美しい色の世界に、心をあたためるメッセージを添えました。

愛しあう母子になる出産
碓氷裕美 著
1600円（税別・発売 新曜社）

本来、妊婦や赤ちゃんのカラダには出産に向けて発揮される「生物としてのチカラ」が備わっています。子育てに必要なホルモンの分泌など、メリット一杯の自然出産のすべてを、自らの体験をもとに文献や取材を重ねて丁寧に解説。